Gerhard Henschel – Falsche Freunde fürs Leben

Gerhard Henschel, geboren 1962, lebt in Frankfurt/M. und ist Redakteur der Monatszeitschrift »Titanic«. Buchveröffentlichungen in der Edition Tiamat: »Menschlich viel Fieses. Stasis, Donalds, Dichter und Pastoren«, Berlin 1992, »Das Blöken der Lämmer. Die Linke und der Kitsch«, Berlin 1994. Als Herausgeber zusammen mit Klaus Bittermann: »Das Wörterbuch des Gutmenschen. Zur Kritik der moralisch korrekten Schaumsprache«, Berlin 1994.

Edition
TIAMAT
Deutsche Erstveröffentlichung
Herausgeber:
Klaus Bittermann
1. Auflage: Berlin, 1995
© Verlag Klaus Bittermann
Grimmstr. 26 — 10967 Berlin
Druck: Schwarzdruck Berlin
Buchumschlag unter Verwendung eines Bildes von
Eugen Egner, 1994
ISBN: 3-923118-29-5

Gerhard Henschel

Falsche Freunde fürs Leben

Von Käuzen
und keuschen Deutschen

Mit einem Gastbeitrag von
Michael Rudolf

Critica
Diabolis
48

Edition
TIAMAT

*Für Dieter Steinmann
zwischen Tür und Angel*

»*Well, I couldn't help it – I was dreaming I was
awake, and then I woke up and found myself asleep.*«
Stan Laurel

INHALT

Freunde fürs Leben – 7
Kosmos! – 8
Deutschland erwacht – 9
Volk ohne Malraum – 16
Die ganze Tragödie – 18
Huhu, AG für das Leben e.V.! – 26
Zorn aus Liebe und ein kaputtes Knie – 27
Ein Leben für den Wienerwald – 30
Peter Härtling! – 41
Prost Abendmahlzeit – 42
Mord-Welt Wort-Welt – 47
Pfui, Dorothee Sölle! – 49
Was Sie noch nie über Lothar Matthäus
wissen wollten – 50
Radikale Moslems! – 53
Schorlemmer, Schorlemmer! – 54
Ich scanne kulturelle Oberflächen – 55
Franz Alt sein Song – 57
Die Apokalyptiker – 59
Die verzauberten Wunden des Dichters – 71
Oversexed George Tabori! – 75
Die Welt stand still – 76
Eine Art Fahrstuhl-Logik – 79
FrauenLesben! – 81
Wenn Planeten weinen – 82
Hans Werner Henze! – 83
Der barmherzige Samariter – 86
In 80 Seiten um die Welt – 88
Volkes Stimmgabel – 91
Ein Gesetz für die Menschheit – 96
Offener Brief an Monika Griefahn – 100
Michael Rudolf: Lesereise – 104
Ach, Schorle! – 111
Solche und solche – 112

Wolfram & Schütte – 114
Allertal – 124
Flirten lernen mit Hermann Hesse – 125
Lieber Martin Buchholz! – 133
Verkettung des Sichbetrillerns – 135
Rinser, Rahner, Wuschel, Buschen – 137
Ein Mann sieht rot – 139
Sieg im Volkskrieg – 142
Riesenzwerg mit Superschwengel – 143
Schorle!! – 151
Die National-Ungeheuer – 152
Sperma süßsauer – 157
O Gott, Herr Pfarrer Zirkler! – 159
Wachwechsel im Pop-Olymp – 160
Scheußliche Xenien – 162
Liste ekliger Sätze – 166
Trampas ist tot – 169
Am Lachtelefon – 171

Winfried S. und Ebbi Thust. Foto: Günter Peters

Freunde fürs Leben

Tuttifrutti! Schickimicki!
Form und Inhalt! Fickificki!
Doppelkinn und Backentaschen
Blähen sich vor Lebenslust.
Zwei zum Knutschen und Vernaschen.
Siegelringe, Siegerblicke,
Hälse wie zwei Galgenstricke:
Winfried S. und Ebby Thust.

Blutkreis läuft auf vollen Touren.
Äußerst formschöne Frisuren,
Faust bereit zum Nasenstüber,
Haare voller Schmalz und Schmand.
Schweinsäuglein und Schnäuzer über
Schicken Schlipsen und Gebissen.
Dicke Lippen. Soll man küssen!
Solche Männer braucht das Land.

Beim Geschmeiß in Samt und Seide
Bildet sich die Kraft durch Freude.
Muskelspiel und Samenstränge
Sind sein Pfand und täglich Brot.
Ach, in diesem Glücksgepränge
Sieht man niemals keine Not nicht.
Denn man sieht nur die im Rotlicht;
Die im Dunkeln sind schon tot.

Kosmos!

Wieviel wiegst Du eigentlich? Ich möchte das wissen, weil der Bildhauer Eduardo Chillida kürzlich im Rathaushof von Münster eine Skulptur aus löchrigen Stahlbänken untergebracht hat, deren Lehnen im Weitwinkel von den Sitzflächen abstehen, »*um das Gewicht des Kosmos aufzunehmen*« (Chillida). Glaubst Du, Kosmos, daß das klappt? Sitzt Du bequem?

Die Skulptur heißt übrigens »*Toleranz durch Dialog*« und sieht sagenhaft Scheiße aus. Bei der Enthüllung war auch der Bundespräsident dabei. Das geschieht ihm recht.

Und Du, Kosmos? Wie fühlst Du Dich so als Sitzriese auf der Stahlbank in Münster? Wie auch immer – Hauptsache, Du sitzt nicht dort, wo die Spötter sitzen.

Deutschland erwacht

Hunderttausende begeisterte Menschen, wogendes Fahnenmeer, krachende Böller, Sterntaler, die vom Himmel rieseln, Fackeln wie Glühwürmchen in brodelnder Masse. Schwarz-rot-gold steigt feierlich am Fahnenmast empor, das Lied der Deutschen erklingt. Ein Alptraum wird wahr. Wo bin ich?

Ich bin in Berlin, auf dem Exerzierplatz vor dem Reichstag, zwischen Bausparern, wogenden Bierfahnen und Sterntalern, die vom Himmel rieseln und verpuffen, bevor sie unten ankommen und Theo Waigels mühsam genug austariertes gesamtdeutsches Euroscheckkartenhaus zum Einsturz bringen können.

Schräg vor mir präsentiert sich ein unvergeßliches Gruppenbild: Kohl, Genscher, Brandt und Mainhardt Graf Nayhauss, dem man ansieht, daß er die Sache schon morgen früh, am 3. Oktober 1990, in *Bild* wie folgt zusammenfassen wird: »*Ich stehe auf der Treppe des Berliner Reichstags gleich hinter Kohl, Genscher und Brandt. Schräg unter uns ein Bild, das ich nie vergessen werde: Hunderttausende begeisterte Menschen, wogendes Fahnenmeer, krachende Böller, Sterntaler, die vom Himmel rieseln, Fackeln wie Glühwürmchen in brodelnder Masse. Schwarz-rot-gold steigt feierlich am Fahnenmast empor, das Lied der Deutschen erklingt. Deutschland ist wieder eins. Der Kanzler: ›Ein Traum wird wahr.‹*«

Davon kriege ich hier unten natürlich nichts mit. Mainhardt Graf Nayhauss müßte man sein; dann könnte man sogar Willy Brandt, obwohl man hinter ihm steht, ins Gesicht sehen: »*Auf Brandts faltengegerbtem Gesicht sehe ich Tränen der Ergriffenheit.*« Für die *Frankfurter Rundschau* steht Otto Jörg Weis ganz vorne und sieht etwas völlig anderes: »*Wer ganz vorne gestanden hat, hat vielleicht die Tränen der Hannelore Kohl gesehen oder das gemeißelte Gesicht Willy Brandts, das der immer zeigt, wenn er Emotionen versteckt.*« Die Zuverlässigkeit unserer journalistischen Augenzeugen ist es jedenfalls nicht, was uns vom Tier unterscheidet. »*Hannelore Kohl weint, Genscher küßt seine Barbara*«, notiert Graf Nayhauss, der seine Augen überall hat und seine Ohren auch. »*Seiters: ›Mein Herz ist voll.‹ Der Kanzler und Weizsäcker reichen sich lange, lange die Hand.*« Doch dann geschieht es: »*Schwarz-Schillings Handgelenk trifft eine herabsausende Raketenhülse, die Zeiger seiner Patek-Philippe-Uhr bleiben auf drei Minuten nach Mitternacht stehen. Das ist der Moment der Geschichte.*«

Wie konnte das passieren? Was geht hier vor? Wie bin ich überhaupt hierhergekommen?

Rückblende. Ich befinde mich zwischen Hannover und Berlin im Sonderzug zur Nationalfeier, aus dessen Fensterlöchern gut abgefüllte deutsche Soldaten, Abteilungsleiter und Schreckschrauben, allen schüchternen Ermahnungen des Zugpersonals zum Trotz, ihre Reichskriegs-, Schnaps- und Deutschlandfahnen flattern lassen. Aus den Abteilen quillt Musikauflauf, ein volkstümliches Potpourri aus Heino, Nina, Nena, Omo & Gaga, das die ungehemmt sich duzenden Passagiere auf Trab und in Schwung hält und sie immer wieder in einen der »Gesellschaftswagen« treibt, wo es Dosenbier gibt und der Musik- und Menschenauflauf noch viel ungestümer schmort und überkocht. Immerhin wird auf diese Weise ein Raucherabteil frei, in das ich mich mutlos zurückziehe. *Bild* war dabei: *»Ein Deutschlandlied von Gunter Gabriel«* – kennen Sie das? *»Deutschland ist Hermann Prey und Peter Maffay, / die Knef und Nina Hagen / und Kneipen voller Qualm / und Liebe auf der Alm. / Schwarz wie die Kohlen im Revier, / rot wie die Lippen der Mädchen hier, / gold wie der Weizen und das Bier, / das sind die Farben, die Farben von dir.«*

Zumindest sind es die Farben jenes schwammigen, in seine Deutschlandfahne gewickelten Burschen, der gerade ins Abteil gerollt kommt, in den Sitz sinkt, verschiedene Speichelfäden abseilt und unvermittelt einschläft. Gunter Gabriel wird es schon richten: *»Deutschland ist Bundesligaspiele HSV und Bayern, / Köln und Werder Brem', / FKK, ohne sich zu schäm'.«* Womit der Dichter gar nicht so unrecht hat; auf den Gedanken, sich zu schäm' oder auch nur ein wenig zu genier', kommt in Deutschland und speziell in diesem Sonderzug kein Mensch mehr. Und jetzt alle: *»Deutschland ist nicht in Paragraphen, / wach sein und nicht schlafen, / Deutschland liegt in dir, / Deutschland sind wir alle hier. / Deutschland ist in den Menschen, die wir lieben, / ist unser aller Land, / und ich reiche dir die Hand.«* Vorausgesetzt, du bist kein Wirtschaftsflüchtling.

Die Fluktuation geht unverdrossen weiter; schon brechen drei zurückströmende Jungbullen ins Abteil ein und verteilen Bierdosen. Ein drall herausgefütterter Mittfünfziger gesellt sich dazu. *»Auf Deutschland!«* ruft er. *»Auf euch!«* Auch auf mich? Jetzt hätte ich Adorno zitieren können (*»Das Zufallsgespräch mit dem Mann in der Eisenbahn, dem man, damit es nicht zu einem Streit kommt, auf ein* *paar Sätze zustimmt, von denen man weiß, daß sie schließlich auf den Mord hinauslaufen müssen, ist schon ein Stück Verrat«),* aber der Durst ist größer als die Prinzipientreue.

Reumütig verfüge ich mich anschließend in den »Gesellschaftswagen«, wo man sich wuchtig auf die Zehen tritt, sich mit Branntwein das Gehirn zerstört und sich mit Heino und ordinären elektronischen Trommelstümpfen betäuben läßt. Der einzige, der tanzt, ist Ivan Rebroff, d.h. er sieht so aus wie Ivan Rebroff, wenigstens obenherum. Den zum Tanzen erforderlichen Freiraum verschafft er sich, indem er mit seinem Spitzbauch alles wegflippert, was ihm zu nahe kommt. Deutschland tut gut.

Mehrere Reisende schlingern einerseits und krängen bereits bedenklich, aber erst hinter Magdeburg geschieht es, daß die ersten aus den Fenstern reihern, mitten in die abendstille, von verträumten Bodennebeln sanft überflutete Landschaft hinein, über welcher seelenruhig ein perfekter Vollmond erscheint. Der Wald steht schwarz und schweigt dazu betreten.

Andererseits ist es schon erstaunlich, wie diese Tölpel es fertigbringen, ihren Nachschub mit zwei, drei barschen Worten bei der Tresenkraft Heike zu bestellen, ohne vor ihrer Anmut und erlesenen Siebenschönheit zu verstummen. In der Ausübung des Grundrechts, patzig Bier zu bestellen und es später am neuralgischen Nullpunkt im Hygienehaushalt des Vaterlandes, auf der Zugtoilette, ungezielt, aber kraftvoll wieder abschlagen zu dürfen, scheint der deutsche Mensch seines nationalen Glücksgefühls vollends inne zu werden.

Um 22 Uhr ist es geschafft, der Sonderzug erreicht den Bahnhof Zoo. Mein erster Kontrollgang führt mich zur Gedächtniskirche, wo es allerdings nicht sehr viel mehr als Bierleichen und Japaner zu betrachten gibt. In den Seitenstraßen warten die Bereitschaftspolizisten. Ein Novum dürften wohl nur die fliegenden Händler sein, die T-Shirts mit aufgeplätteten Deutschlandkartenkopien aus dem Diercke-Atlas vertreiben.

Ich drehe bei und lasse mich in dem von Straßenzug zu Straßenzug schwellenden Passantenstrom zum Reichstag treiben. Östlich der Siegessäule wird der Strom allmählich reißend, bis er rücksichtslos über die Ufer tritt und sich Bahn durchs Unterholz des Tiergartens bricht. Hinter Hecken stochern sich Schaulustige durch die Dunkelheit, ganze Gebüschfluchten werden gemeinschaftlich übergemangelt, und um die Bäume, die standhalten, gruppieren sich Trauben zuckend urinierender Herrenmenschen.

Dann liegt das Reichstagsgebäude vor mir, unverrückbar, grell ausgeleuchtet und weithin mit kunstreich gestaffelten Litzen aus Staatsmännern, Sängerknaben und Mainhardt Graf Nayhauss umsäumt. Linkerhand wird das Feiergeschehen live und simultan auf einer gigantischen Videotafel reproduziert und aufbereitet.

Eine Bläsergruppe schmettert Klassisches über die gereckten Köpfe der breiten, auf dem Platz der Republik versammelten Masse hinweg in den Nachthimmel, wo unentwegt Flutlicht- und Laserstrahlen fuchteln und durcheinanderrühren. Es geht scharf auf Mitternacht zu. Noch zwei Minuten, und die DDR ist nur noch eine Erinnerung, und nicht gerade die beste.

Zwischen elfjährigen Fahnenjunkern, Gymnasiasten und wild entschlossen an ihren Rotkäppchen- und Rüttgers-Club-Flaschen saugenden Brüdern und Schwestern arbeite ich mich im Windschatten eines Kamerateams gerade noch rechtzeitig nach vorne, um mitbekommen zu können, wie die Freiheitsglockentöne schwellen, die Nationalfahne gehißt wird, die Nachkriegszeit zu Ende geht, die Vorkriegszeit beginnt, die Leuchtraketen rabatzen und der in dieser Sekunde zum ersten gesamtdeutschen Bundespräsidenten gerinnende Richard von Weizsäcker das gesalbte Wort ergeift: »*Für unsere Aufgaben sind wir uns der Verantwortung vor Gott und den Menschen bewußt!*«

Das walte Graf Nayhauss. Der liebe Gott spielt jedenfalls mit, verriegelt die Regenschleusen und läßt die frischgehißte Flagge majestätisch im Winde sich wiegen, was den Verdacht, daß die Kerle letzten Endes alle unter einer Decke stecken, wieder einmal erhärtet.

Die Zwangsbeschallung mit Beethoven, Bach und Bramm setzt sich ungemildert fort, und doch sieht es so aus, als habe es sich bei diesem Staatsakt nur um den eher etwas lahmen offiziellen Nachklapp einer längst verstrichenen historischen Jubelstunde gehandelt. Die Show ist vorbei.

Nach und nach sickert das Volk wieder ins Parkgelände ein, verläuft sich im Gestrüpp, zertrampelt Blume, Busch und Beet und stampft in Richtung Brandenburger Tor, wo der Andrang vulgär wumpelnde Formen annimmt. Was Ostberlin war, ist jetzt ein Scherbenmeer. So viel Müll, wie hier momentan auf den Straßen schwimmt, hat die DDR in vierzig Jahren nicht hergestellt. Die Überflußgesellschaft scheint sich bereits etabliert zu haben.

Auf dem Alexanderplatz keilen sich Popgruppen um die akustische Vorherrschaft, umringt von mobilen Bier- und Wurstbuden. Die Keksbüchsenpaläste ringsherum sind barbarisch grün und lila illuminiert, und gegen drei Uhr morgens setzen sich die orangegewandeten Sanyassins der Stadtreinigungsbetriebe in Bewegung. Irgendwann werden sie auch die Batterien ausgepichelter Sektflaschen abräumen, die auf der Weidendammer Brücke liegen, gleich neben einer wohlgeformten, feuerroten Blutlache im Morgengrauen.

Bei der Rückreise zeigt sich, daß im »Gesellschaftswagen« jetzt erst recht die Schreihälse den Ton angeben und auf die betörende Tresenkraft Heike einteufeln, die ich ihrem Schicksal überlasse. Ich ziehe mich in ein leeres Raucherabteil zurück, überfliege die Weltpresse und erfahre endlich, was Günter Grass von der ganzen Geschicht hält: »*Kein vielfältiger ›Bund deutscher Länder‹, dessen Bürger ich gern wäre, hat Zukunft; ein Monstrum will Großmacht sein. Dem sei mein Nein vor die Schwelle gelegt.*«

Ob der Bundeskanzler darüber nun aber noch einmal ins Stolpern kommt? Dem sei mein »*Nein, das glaube ich kaum*« vor die Schwelle gelegt. Ich glaube eher, daß vom 3. Oktober 1990 eine neue Epoche des Unfugs ausgegangen ist, und ich kann sagen, ich bin dagegen gewesen.

Aber mich fragt ja keiner.

Volk ohne Malraum

Frühling. Rolle vorwärts, Gefühle, blaues Band. Durst.
Brechend voller Biergarten. Von der Damentoilette brachte meine Gesellschafterin ein Schnäppchen mit. Es handelte sich um einen grünstichigen Aushang im DIN-A-4-Format, der für ein *»Schnupperwochenende«* in einem *»Malraum für Ausdrucksmalen«* Reklame machte. *»Jeder Mensch hat unabhängig von seinem Alter, seiner Herkunft oder sonstigen Prägungen das innere Bedürfnis, sich auszudrücken«*, hieß es in dem Aushang. *»Er hat auch die natürliche Anlage und die latente Fähigkeit dazu. All dies erweist sich im Malraum. Malen macht Spaß.«*
Die Dame, die das Schnupperwochenende organisieren wollte, hieß Ulla Rauh und sorgte sich um die Erniedrigten und Beleidigten, um die Zerstreuten und Mutlosen, kurz: um ein Volk ohne Malraum. *»Meine Hilfe erfolgt nicht, indem ich vormale oder korrigiere, sondern indem ich den Mutlosen aufmuntere und dem Zerstreuten beistehe, sich zu konzentrieren und in Fällen von technischen Schwierigkeiten mit Rat und Tat zur Seite stehe.«*
Sanft wiegten wir unsere Köpfe im Sonnenschein, nippten am Bier und kamen zu dem Schluß, daß dieser Malraum eine Welt für sich zu sein versprach. *»Man erlebt im Malraum eine Welt für sich, die auch als Schutz- und Entfaltungsraum reserviert bleiben soll. Im allgemeinen verändern Bilder ihre Eigenart, wenn sie bedacht, besprochen, bewer-*

tet werden. Deshalb verbleiben die Bilder im Malraum.«

Wir gelangten zu der Auffassung, daß Ulla Rauh damit der Wettbewerbsgesellschaft ein Schnippchen schlagen und ihr den Todesstoß versetzen wollte. *»Das Geschehen im Malraum steht dem Wettbewerb und Leistungsdruck unserer Gesellschaft entgegen. Das Malen im Malraum wird nicht als Therapie benutzt sondern als ein Beitrag zur Persönlichkeitsentfaltung verstanden«* – hier aber stellte meine Gesellschafterin spontan eine Frage in den Entfaltungsraum Biergarten, die ich gerne weiterleiten und Ihnen mit auf den Weg ins Verderben geben möchte: Sollte bei bestimmten Leuten nicht vielleicht auch die *Persönlichkeitseindämmung* eine tragende Rolle spielen?

Denken Sie einmal ein Schnupperwochenende lang darüber nach.

Die ganze Tragödie

Nun ziehen Nebel, falbe Blätter fallen, aber noch immer weiß kein Mensch, was eigentlich exakt passiert ist in Bonn-Tannenbusch zwischen Petra Kelly und Gert Bastian, bevor die tödlichen Schüsse fielen und eine Welt zusammenbrach, die die beiden Symbolfiguren einer geistig-moralischen Wende der Politik ins Kuschelige zeitlebens am liebsten gewaltfrei in ein Reservat verschmuster Minderheiten verzaubert hätten. Auch Alice Schwarzer sprach in ihrem Nachruf auf Petra Kelly in *Emma* sicherheitshalber in Rätseln: »*Über zehn Jahre lang kämpfte sie an seiner Seite gegen Gewalt und Militarismus – bis er eines Nachts zu seiner Dienstpistole griff und ihr im Schlaf in den Kopf schoß.*« Wer wem? Gert Bastian hätte seiner Dienstpistole im Schlaf in den Kopf geschossen? »*Seine Strafe*« – die Strafe des Kopfes? die Strafe des Schlafes? – »*folgte auf dem Fuß: der Ex-General exekutierte sich selbst, im Flur und stehend durch einen Schuß von oben durch den Kopf. Ich kannte beide.*« Den Kopf und den Schuß? Den Schuß und den Flur? Den Ex-General und den Fuß?

»*Oder waren da zwei Menschen so verstrickt, daß ihr Verhältnis – einer tragischen inneren Logik folgend – nicht anders hätte enden können?*« fragte sich und uns der *Stern* in einer bangen Stunde, auf deren Leerlauf sich auch Norbert Kostede in der *Zeit* seinen emotional hochqualifizierten Stabreim zu machen versuchte: »*Wer kann mit dieser Bluttat seinen Frieden machen? Zweifel hinter Tränen und*

Trauer.« Hinter Tränen und Trauer rumpumpelte, einer tragischen inneren Logik folgend, »*die ganz persönliche und geheimnisvolle Tragödie des Paares*« *(Hamburger Abendblatt)*. Was das bedeutet, ist kaum zu beschreiben. »*Petra und Gert sind tot*«, stellte die grüne Europaparlamentarierin Claudia Roth im *Neuen Deutschland* fest. »*Was das bedeutet, ist kaum zu beschreiben. Trauer und Bestürzung. Tiefe Betroffenheit. Ich bin schockiert und fassungslos über die Tragödie, die zu dem tragischen Tod geführt hat.*« Aber worin liegt diese Tragik? »*Die Tragik Petra Kellys liegt darin, daß ihre Stärke zugleich ihre Schwäche war*«, gab die *Frankfurter Rundschau* zu bedenken, während die Bundestagsgruppe Bündnis 90/Grüne »*von dem tragischen Tod*« tief ergriffen war. »*Die ganze Tragödie*« *(Stern)* lockte schließlich sogar den reifen Herbert Kremp hinter dem Hochofen hervor. »*Aber*«, schrieb er in der *Welt*, »*es ist nicht verfehlt, eine Tragödie zu vermuten. Sie läßt etwas bestehen von der Würde des Menschen.*« Mein Gott, was für ein Drama! Selbst *Unsere Illustrierte* geriet ins Schwärmen: »*Mein Gott, was für ein Drama. Welche Tragödie! ›Unschuldig-schuldig‹, so stuften die klassischen griechischen Dramatiker solche Taten ihrer Bühnenhelden ein. Friede den beiden Toten, endlich wirklich Friede!*«

Und kein Karneval mehr? »*Kein Karneval mehr, no more boleros, nicht alle Utopien sterben eines natürlichen Todes*«, krötete sich Antje Vollmer in *Emma* zum Thema aus, nachdem sie bereits für den *Spiegel* tief in den Tränensack hatte greifen dürfen: »*Die Möwe war ihr Lieblingstier*«, hieß es da, einer tragischen inneren Ornithologie folgend, in bezug auf Petra Kellys Vogel. »*Es war immer eine eigenartige Faszination um dieses Persönchen*«, rund um die Atomuhr, von der Früherkennung bis zu den Spätnachrichten: »*Das war noch ein bißchen zu früh für dieses Land – und ein bißchen zu spät für sie, die sie schon durch die Felsen geflogen war.*« Über dem Wolkigen muß die Freiheit von allen Gedanken wohl grenzenlos sein.

Als Petra Kellys letzte Flugstunde geschlagen hatte, schlug auch bei *Bild* die Stimmung um zugunsten des zarten Körpers der Heroine und ihrer fröstelnden Seele: »*Sie und ihr zarter Körper haben gekämpft für eine bessere, eine wärmere Welt. Für gleichen Lohn für gleiche Arbeit. Für einen atomfreien Planeten. Für Kinderbeauftragte auf Bundesebene.*« Für eine wärmere Welt, mit FCKW und Petra Kelly. *Bild:* »*Sie war eine Mischung aus Stahl und Porzellan. Stark und zerbrechlich.*« Und General Bastian? »*Er war der Baum in ihrem Leben.*«

Aber ihr Freund, der Baum, ist tot. »*Ihre Politik war wirklich ›identisch‹*«, freute sich zwar Claudia Roth; und auch Gert Bastian kam noch einmal gut bei ihr davon: »*Auch Gert war ›identisch‹.*« In diesem Trubel sah Frau Roth vor lauter identischen Bäumen allerdings schon nicht mehr den Mischwald im eigenen Auge: »*Courage und Phantasie fallen mir ein, wenn ich an beide denke, Farben und bunte Tücher, der Regenbogen und die Friedenstaube, Kerzen und unsere Sonnenblume.*«

Apropos Wald: »*Er hätte ihr gefallen, der Waldfriedhof auf einem Hügel am Rande der Stadt*«, betonte Klaus-Peter Klingelschmitt in der *taz*, posthum sich einfühlend und in Petra Kellys Wald- und Wiesengemüt. »*Das Herbstlaub rauschte im naßkalten Wind, als Pfarrer Zink von der ›Jeanne de Arc unserer Tage‹ sprach, die mit Mut und Sendungsbewußtsein gegen das Unrecht in der Welt und für die Hoffnung gekämpft habe.*« Es ist zum

Weinen. »*Oma Birle weint jetzt*«, darauf wies ja auch *Bild am Sonntag* hin.

Jo Müller blieb es vorbehalten, in der *Hamburger Rundschau* Petra Kellys Lebenswerk wie folgt zu bilanzieren: »*Sie leidete öffentlich*« – und ihr Tod schneidete Lukas Beckmann so scharf ins Herz, daß er unverzüglich seine dringendsten Zwischenfragen in freien Rhythmen ins Kondolenzbuch schmierte: »*Liebe Petra / Lieber Gert / Warum jetzt / Warum so früh / Warum ohne Abschied / Warum ohne ein Wort / Ihr bleibt ja und seid doch fort / seid fort und bleibt doch...*«

Ja, warum jetzt eigentlich? In einer großen, gemeinsamen Anstrengung aller Demokraten konnten die Mörder ermittelt werden. »*Gert Bastian sah seine Lebensperspektive: Ich werde allein, vergessen und hilflos sein. Er hat dafür eine Schuldige gesucht. Er hat sie gefunden. Er hat sie ermordet*«, recherchierte *Bild am Sonntag*, ein kriminalpsychologisches Forum, dessen Thesen sich auch Alice Schwarzer hauteng anschloß: »*Die Liebe von Männern zu Frauen kann tödlich sein. Sie war es auch in diesem Falle. Nur – ist das Liebe?*« Nein. Liebe ist, wenn er ihr beim Geschirrspülen hilft. Ist das die besondere Ironie dieses Dramas? »*Es ist die besondere Ironie dieses Dramas, daß ›der Friedensengel‹ ein Opfer der Liebe wurde. Liebe und Haß, Fürsorge und Zerstörung liegen heutzutage gerade bei Männern oft dicht beieinander. Ist auch Petras zum Paulus gewandelter Saulus in dieser Nacht in das Dunkle in sich zurückgefallen?*«

Als nicht ganz so dicht beieinander erwies sich Uwe Stemmler, der im *Neuen Deutschland* die gesamte Nation unter Tatverdacht stellte: »*Jetzt sind Gert Bastian und seine Lebensgefährtin Petra Kelly tot. Fremdeinwirkung ausgeschlossen, sagen die*

Sicherheitsbehörden. Wenn es so war: Hatten sie resigniert? Waren sie so verzweifelt? Verzweifelt ist, wer sich allein gelassen fühlt. Allein gelassen fühlen kann sich heutzutage manch Andersdenkender in diesem Deutschland«, woraus folgt: *»Sich in diesem Deutschland allein zu fühlen, kann tödlich sein.«*

Aber? *»Aber ein stummer Tod, der gleichzeitig eine Tötung im Namen der Liebe ist, entzieht sich allem Verständnis«*, beschwerte sich Antje Vollmer im *Spiegel*. *»Er macht alle irgendwie mitschuldig. Es wird keine Erklärung geben, mit der wir leichter davonkommen.«* Verständnis für Stummheit bringt Antje Vollmer nicht auf, weder im Tod noch im Leben: *»Einem kreativen Menschen von außergewöhnlichen Talenten das Medium der öffentlichen Sprache zu nehmen, ist auch eine Form der Folter und kann ihn dazu bringen zu implodieren.«* Demnach wäre Petra Kelly an den Folgen der Implosionsfolter durch mangelhafte Glotzen-Präsenz gestorben?

»Ob eine Petra Kelly drohende Abhängigkeit von einem Dialyse-Gerät der mögliche Hintergrund der Tragödie in Bonn-Tannenbusch ist, können nur die Gerichtsmediziner sagen«, faßte das *Hamburger Abendblatt* den Ermittlungsstand geschickt zusammen. Peter von Stamm, ein Freund des Hauses, schloß lt. *Frankfurter Rundschau »einen politischen Mord allerdings nicht aus. Es gebe eine Organisation der Chinesen, vor der die beiden Angst gehabt hätten.«*

Verschwörungstheoretisch am vehementesten legte sich indessen, gegenüber der *Hamburger Morgenpost*, die große Unvermeidliche ins Strickzeug: *»Bärbel Bohley, Ex-DDR-Bürgerrechtlerin und Kelly-Freundin, verlangt nun Einblick in die Ermittlungsakten. An private Motive mag sie nicht glau-*

ben. ›Natürlich hatten die beiden Probleme, aber sie waren imstande, sie anders zu lösen‹, sagte sie der ›Morgenpost‹. Sie mache stutzig, daß die beiden gerade umkamen, als Petra Kelly sich verstärkt mit der ›Atom-Mafia im Osten beschäftigte‹.«

Und damit hätten wir insgesamt acht Täter bzw. Tätergruppen resp. Tatwerkzeuge eingekreist und identifiziert: Gert Bastians übel in sich zurückgekrümmte Lebensperspektive *(BamS)*, die Liebe von Männern zu Frauen und das Dunkle innendrin im General (Kriminaloberinspektorin Schwarzer), das Alleinsein in Deutschland (Kommissar Stemmler), »*alle irgendwie*« (Privat Eye Antje Vollmer), die drohende Abhängigkeit von einem Dialyse-Gerät *(Hamburger Abendblatt)*, eine Organisation der Chinesen (Sherlock von Stamm) sowie die Atom-Mafia im Osten (Bärbel Bohley).

Schön.

Eine Schlüsselrolle im Sex-and-Crime-Geschehen rund um den identischen Baum und die stumm durch die Felsen geflogene Tragödin aus Stahl und Porzellan bekleidete darüber hinaus ein tibetanischer Medizinmann. »*»Ich war ihr Freund‹, sagte er ›BamS.‹ Liebe? ›Zwischen uns bestanden Gefühle, die mit Liebe nichts zu tun hatten. Da war mehr.‹*« Mehr als was? Mehr als Liebe? Mehr als Gefühl? Wäre weniger mehr gewesen?

Nicht nur *Bild am Sonntag*, sondern auch dem *Stern* schüttete der geheimnisvolle Tibeter sein Herz aus. »*»Eifersucht? Das ist einfach absurd!‹ Palden (tibetisch: ›der Gesegnete‹) Tawo quetscht die nächste Zigarette im überfüllten Aschenbecher aus. ›Gert Bastian war ein weiser Mensch von derart geistiger Größe, daß er Empfindungen wie Eifersucht gar nicht kannte...‹*« Immerhin verknüpfte »Kelly und Bastian, dieses so unterschiedliche und *deshalb wohl auch so symbiotische Paar« (taz)* irgendwie *»eine beispiellos innige, sehr anstrengende symbiotische Liebe«* (Antje Vollmer), was dann ja leider *»hinter der hyperaktiven Fassade des symbiotischen Paares« (taz)* der Utopie von der Bestallung eines Kinderbeauftragten auf Bundesebene ein jähes Ende setzte, als das Dunkle im Baum das faszinierende Persönchen, die Jeanne d'Arc unserer Tage, totschoß. *»Seine Tat war der logische Abschluß seiner symbiotischen Beziehung zu ihr.«* So rekonstruierte Jo Müller, dem tragischen Fehlläuten einer inneren Nachtglocke folgend, den Tathergang, und *Bild* soufflierte zischend: *»Petra Kelly und Gert Bastian – eine seltsame und doch wundervolle Liebe. Eine Art Gedankenliebe.«*

Nur Michael Vesper, der parlamentarische Geschäftsführer der Grünen im nordrhein-westfälischen Landtag, legte in der Wochenzeitung *Freitag* sein Veto gegen die Symbiosetheorie ein: *»Es ist falsch, von Petra Kelly und Gert Bastian stets nur als Paar, fast als symbiotische Einheit zu sprechen.«*

Mein Gott, was für ein Drama. Welche Tragödie! Und was ist mit dem Tibeter? *»Der Arzt sei bekannter Musiker, wurde oft zu Tibet-Veranstaltungen eingeladen«*, berichtete die *Hamburger Morgenpost*. *»›Die Petra ist ihm oft nachgefahren. Das artete sogar manchmal in leichten Szenen aus.‹ (Der Journalist Peter von Stamm sagt das.)«* Ja, Petra Kelly *»hörte im Auto tibetische Gebetsmusik«*, meldete brüllend der *Stern*, und was 1990/91 zwischen dem Friedensengel und dem Gesegneten plötzlich im Tannenbusch war, stand steil in *Bild* wie eine Eins im Leistungskurs Treppenhausklatsch: *»Sylvester-Party 1990, Potsdam... Ein Gast: ›Sie küßten leidenschaftlich...‹«*

Da war wohl mehr. *»Doch die Liebe der Kelly*

blieb unerwidert, der Mediziner blockte ab«, das wußte nun *Bild am Sonntag* ganz genau, und was dort über Petra Kelly nicht stand, stand in der *taz: »Die Vision vom Kinderplaneten verband sie mit einer Unzahl von Einzelschritten.«*

Daß das Engagement für die Erniedrigten und Beleidigten immer wieder kombiniert und kurzgeschlossen wird mit der idiotischen Phantasie vom atomfreien Kinderplaneten, die im politischen Diskurs nichts verloren hat als ihre Gebetsketten, wäre einerseits niederschmetternd genug; aber daß selbst der blutige, brutale Tod von Petra Kelly und Gert Bastian von *Bild* bis *Emma* in einem Jargon kommentiert und bekochlöffelt wurde, als ob es sich dabei um einen zwischen Regenbögen, Friedenstauben, Kerzen und Sonnenblumen zelebrierten Kindergeburtstag gehandelt hätte, stimmt einen andererseits wiederum fast heiter. Denn so ist es eben, das öffentliche Leben auf unserem scheppernden Erwachsenenplaneten: irgendwie diesseitig.

No more boleros!

Huhu, AG für das Leben e.V.!

Im Januar 1994 wolltest Du unter der Rufnummer 0130 / 84 22 33 auf Sendung gehen und zum Nulltarif erreichbar sein: *»Embryonale Herztöne können so via Tonband gebührenfrei angehört werden.«* Ach, wer da mithören könnte! Ka-tung, ka-tung, ka-tung – bis zum ersten Herzkasper. Schon im Januar 1995 ist unter der Embryonummer aber nur noch eine Hotline zum Thema *»Ihr täglicher Karriere-Tip«* zu erreichen. So schnell wird aus der AG für das Leben eine AG für die Rente. Alles kann man dem Leben vorwerfen, nicht aber Saumseligkeit. Jetzt erwarte ich die Nachrichten aus dem Bestattungs-Institut; ab morgen unter 0130 / 84 22 33. Anruf genügt!

*Zorn aus Liebe
und ein kaputtes Knie*

Für furchtbar unbequem und kritisch hielt sich immerzu, seit Bibeljahr und Karfreitag, der evangelische Pastor und Bestseller-Autor Heinrich Albertz, Jahrgang 1915, und so steht es im Klappentext seines letzten Breviers mit dem Titel »Wir dürfen nicht schweigen. Ein politisches Gespräch mit Wolfgang Herles«: »*Noch einmal meldet sich Heinrich Albertz zu Wort. Zornig und vehement äußert er sich zu den Vorgängen in unserem Land ... Er mischt sich ein mit höchst unbequemen Ansichten.*«

Voll drauf hatte Albertz die pastorale Mimikry des engagierten Christen aus Überzeugung. Auf dem Schutzumschlag starrt er stumm und schwarzweiß aus dem Halbschatten heraus ins Leere, suggestiv an seiner Pfeife lutschend, wie es zornigen alten Zauseln ziemt. »*Stören die Zehn Gebote bei der Ausübung von Macht mit allen Grausamkeiten, die man dabei begehen muß?*« fragte Wolfgang Herles spitz, und Heinrich Albertz parierte ebenso vehement wie unbequem: »*Sie stören oft erheblich den, der sie ernst nimmt, und sie helfen gleichzeitig unglaublich. Es ist beides da. Sie stören unglaublich; du kommst als politisch Verantwortlicher, noch dazu, wenn du ein klassisches Ressort hast – wenn du Soziales oder Kultus hast, die Spielressorts, wie ich sie nannte, ist das was anderes –, wenn du also Inneres oder Justiz hast, oder auch Finanzen, dann kann die Sache sehr störend werden. Sehr störend!*«

Schamhaft haben sie es verschwiegen, die Justiz- und Finanzminister, aber jetzt ist es raus, der unbequeme Heinrich Albertz hat es ausgeplaudert, daß die Gebote, Vater und Mutter zu ehren und des Nächsten Weib nicht zu begehren, sich extrem störend auf die tagespolitischen Geschäfte auswirken. Wer hätte das gedacht?

Das politische Programm, dem Heinrich Albertz sich verpflichtet fühlte, beschränkt sich auf das naive Gejammer über den Mangel an Liebe zwischen den Menschen, womit nichts und niemandem gedient ist als dem eigenen Edelchristen-Image. Den Tod von Petra Kelly und Gert Bastian nahm er sofort zum Anlaß, ein Lamento über den Verfall der Nachbarschaftskultur zu starten. Der Gedanke, daß es zum zivilisatorischen Standard einer Gesellschaft gehören könne, ein paar mittlere Großstädte bereitzuhalten, in welchen die Privatsphäre besser geschützt ist als im Kuhdorf, war Albertz entschieden zu hoch. *»Wenn nicht zufällig eine Nachbarin reingeschickt worden wäre, dann lägen die wahrscheinlich heute noch da. Das bedeutet aber, daß diese Nachbarschaftshilfe, die zu meiner Jugendzeit noch ganz selbstverständlich dazugehörte, eben auch nicht mehr funktioniert. Ich hab die beiden sehr gern gehabt, sehr gern gehabt. Sie waren sehr liebenswert und sie haben sich ja auch auf eine besonders glückliche Weise ergänzt, glaube ich.«* Wer's glaubt, wird selig.

»Aber es ist auch ein Zeichen für die Entmenschlichung, für den Verfall von guten Sitten, um's mal so zu sagen, daß solche Leute, wenn sie denn kein Mandat mehr haben, schlicht uninteressant werden.« Wenn greise Pastoren den Verfall der guten Sitten beklagen, ist Gefahr im Verzug. Herles focht das nicht an; er schmeichelte seinem Interview-

partner, wo immer sich die Gelegenheit dazu ergab. *»Was mir imponiert, Herr Albertz, ich bewundere Sie dafür, ist der lebendige Zorn, der aus Ihnen blitzt«*, sagte er dann. *»Aber Zorn aus Liebe«*, gab Zeus Albertz zurück, ohne Rücksicht auf Verluste.

Unterwürfig wurde er nur, wenn das Gespräch auf Jesus kam. *»Wir würden ihn erkennen, ja. Aber, was machen wir dann? Ich kann nicht mal richtig knien, weil ich ein kaputtes Knie habe. Ich habe immer Angst, daß er plötzlich reinkommt, weil ich dann nicht vor ihm knien kann.«* Humor ist, wenn auch Christus lacht. Aus welchem tieferen Beweggrund Wolfgang Herles das Gespräch überhaupt suchte und führte, wird nicht recht klar, denn was Heinrich Albertz zu erzählen hatte, sind nur Platitüden, süße Nichtigkeiten und bestenfalls Binsenweisheiten, wie sie millionenfach in den Altersheimen kursieren: *»Ich fühle mich ja auch ganz wohl in der Umgebung, in der wir sitzen – wie Sie vielleicht gemerkt haben –, und ich bin jeden Tag glücklich, daß ich noch meine Frau habe und meine Kinder und viele Freunde und alles, was man sonst noch erlebt. Das ist ein großes Geschenk.«*

Es ist schön für Heinrich Albertz, daß er sich auch im reifen Alter noch pudelwohl fühlen konnte. In dem Aberglauben, darüber keinesfalls schweigen zu dürfen und sein frommes Altherrengeplauder für zündend radikal zu halten, hätte Wolfgang Herles ihn allerdings nicht unbedingt bestärken sollen. Was ist das eigentlich für eine Welt, wo ein Gespräch über Zorn aus Liebe und kaputte Kniescheiben schon als Wagnis durchgeht und vom Verlag als *»zornig und vehement«* gefeiert werden kann? Könnte es angehen, daß der liebe Gott am Ende mausetot ist?

Kaum auszudenken!

Ein Leben für den Wienerwald

Liebevoll zu preisen und extrem zu verehren ist der gewesene Geflügelkönig und Ex-Umsatzmilliardär Friedrich Jahn, der Schrecken aller Hühnchen, aufgestiegen vom Kellner zum weltweit operierenden Gastronomie-Tycoon, auf dem Gipfel des Erfolges von Schmierfinken, Halsabschneidern und Rechtsverdrehern um sein Lebenswerk geprellt, unternehmerisches Urgestein, gebürtiger Österreicher, geistiger Vater des Franchising-Systems in Deutschland, Gründer der Wienerwald-Hühnerbraterei-Kette und Autor des Standardwerks »Ein Leben für den Wienerwald. Vom Kellner zum Millionär – und zurück«, das er im Selbstverlag herausgegeben und dem Wienerwald-Shopsortiment eingegliedert hat. »*Der Wienerwald*«, so lautet § 2 der »Wienerwald-Philosophie« (S. 407), »*war der Wegbereiter, daß das Huhn Einkehr in fast alle Kaufhäuser und Gaststätten gefunden hat und auch Ambulanten (sprich: Verkaufswagen mit Hendl) zu großem Erfolg verholfen hat.*« Schwerlich läßt sich eine volksnäher beschaffene Philosophie ausbrüten; da kommen Poststrukturalismus, Höhlengleichnis und Kritische Theorie nicht mit.

In einer kalten Januarnacht 1995 geschah es, daß der Kollege Oliver Schmitt, in seiner Wohnküche, zwischen Bierflaschen und Wasserpfeife, sein Exemplar der Autobiographie des Wienerwald-Philosophen zückte und die anwesende, aus Achim Greser und mir bestehende, festlich gestimmte und exzellent aufgeräumte Herrenrunde mit einer Vorlesung beglückte, ja hinriß; tags darauf erwarb ich in einer Wienerwald-Filiale das starke, 564 Seiten umfassende, luxuriös illustrierte, köstlich geschriebene, wegen mangelnder Nachfrage auf 19 Mark 50 reduzierte Buch, schloß mich damit zuhause ein und hatte es gut.

Schelmisch, sogar verschmitzt blickt Friedrich Jahn vom Schutzumschlag die Leser an, rotbraun, schier wie gebacken; der Ohrlöffel ist gut durchblutet, die Stirnglatze leuchtet, und der ausgeleierte Hautzipfel unter dem glänzenden Kinn wölbt sich schlaff in den Kragen zurück. Wer vom Tier ißt, heißt es, wird ihm ähnlich. Friedrich Jahns Leibgericht war stets das Hendl, und man sieht es ihm an.

Als Vorwort-Autoren marschieren u.a. Friedrich Jahn, Dr. Edmund Stoiber und Dr. Josef Ratzenböck auf, der Landeshauptmann von Oberösterreich. Alle Kapitel, in die das Werk zerfällt, weisen wild funkelnde Überschriften auf: *»Meine Frau Hermine«*, *»Hochzeitsglocken«*, *»Das Europa-Hendl«*, *»Das Huhn des Columbus«* oder auch *»Strafverfahren als gedachter Stolperstein«*; man weiß gar nicht, wo man anfangen soll, wenn nicht vorne.

Im *»Speisenzettel der Familie Jahn, wie er sich in den Jahren 1924 bis 1928 mit wenigen Ausnahmen Woche für Woche wiederholte«*, gab es den *»Nudeltag«*, den *»Strudeltag«* und den *»Knödeltag«*, doch mit Friedrich Jahn ging es stramm aufwärts; nicht einmal im Krieg, den er als privilegierter Bomberpilot verlebte, mußte er auf Knabbereien und Knödel verzichten, ja, er hatte sogar freien Zugriff auf *»Champagner, ungarische Salami oder Krimsekt«*, und die Damenwelt umstrickte das junge Leckermaul mit ihrem Liebreiz. *»So kannte ich eigentlich* *keinen Notstand, was Liebe betraf, und mein Motto war: ›Und ist der Zahn auch noch so steil, a bisserl was geht alleweil.‹«*

Der Krieg ging verloren, doch Friedrich Jahn gewann Hermine Götzenbrugger und freite sie auch baldmöglichst in einer *»der schönsten Barockkirchen von Oberösterreich«*. Zu essen gab es Leberknödelsuppe und Tafelspitz mit Erdäpfelschmarrn sowie Milchrahmstrudel und Hochzeitstorte. Jahn wurde zwar vorerst nur Kellner, doch er schlug bereits *»den Zuckerkönig von Frankreich, Monsieur Lopez«*, in seinen Bann. Später folgten der *»Salamikönig Citterio aus Mailand«*, der *»Hotelkönig Konrad Hilton«* und *»Franz Kneissl, der Skikönig«*. Zeitlebens wandelte Friedrich Jahn zwischen Monarchen umher, tummelte sich auf Opernbällen, bestritt schwerste Zechereien aus eigener Tasche und schloß Freundschaft mit Franz Josef Strauß.

Bis es soweit kommen konnte, mußte Jahn sich aber erst einmal durchschlagen, durchboxen, durchbeißen: *»Ich war stets ein Mann der ›Front‹. Wie der berühmte amerikanische Panzergeneral Patton, der mit dem Colt in der Hand vor seinen Panzern marschierte, verbrachte ich neunzig Prozent meiner Zeit draußen und nur zehn Prozent im Büro.«*

Jahn rüstete sich zum Blitzkrieg. In München ging das erste Wienerwald-Restaurant in Betrieb, *»und der General Remes schrieb mir ins Gästebuch ›Möge die helle Flamme der Begeisterung in uns nie versiegen‹.«* Bald brieten schon Dutzende Hühnchen über der hellen Flamme der Begeisterung. Jahn, beflügelt, machte in Stuttgart eine Zweigfiliale auf und überflügelte im Umsatz seine Frau Hermine, die in München geblieben war. *»Voll Freude tranken wir jeder einen Piccolo – sie in Mün-*

chen und ich in Stuttgart.« Steil ging alles aufwärts. 1958 konnte Jahn die Zahl der verkauften Hendlportionen auf über 800.000 steigern und damit verdoppeln, weitere Filialen schossen aus dem Boden Deutschlands, Österreichs und Europas, Amerikas und Japans; Hühnerfarmen, Discotheken, Hotels und Grillschulen kamen hinzu, und an der Fassade seines nagelneuen Wienerwalds am Time Square in Manhattan ließ der Chickenchampion die größte Kuckucksuhr der Welt befestigen. *»Sie war 3,40 m hoch und 1,70 m breit, reich geschnitzt und war in 943 Arbeitsstunden im Schwarzwald gefertigt worden. Bei ihrer Enthüllung gab es eine enorme Verkehrsstockung, denn jeder wollte die Uhr sehen.«* What watch? Jahns watch.

Innerlich muß Friedrich Jahn immerzu gebrüllt haben unter der Glücksdusche aus dem Füllhorn des Wirtschaftswunders. Ungetrübte Freude an den Segnungen des Reichtums, am Andrang der Juweliere, Kommunalreferenten und Schlagersänger, an Festivals und Modenschauen ebenso wie an einem schlichten Backhendl aus seiner eigenen Produktion hat er im üppigsten Zuschnitt empfinden dürfen, für und für, schön kross und immer knusprig frisch vom Feinsten: *»Diese Veranstaltungen zogen auch erstklassige Gäste an, wie den Finanzmakler Münnemann, der jedesmal zwanzig Mark Trinkgeld gab, die Manager von BMW, Herrn Nordhoff von VW, den Papierfabrikanten Haindl aus Augsburg, den MAN-Chef, alle bayrischen Politiker und die Minister bis hin zum Ministerpräsidenten.«*

Wie ein Kind im Vollrausch der Bescherung schwelgte der zu Ruhm und Reichtum gelangte Hühnerbrater in seinen Triumphen, waren sie auch noch so knochig: »*Oberbürgermeister Dr. Vogel überreichte mir persönlich den goldenen Schlüssel zum Olympiaturm.*« So schaufelte, drosch und schlug sich der Wünschelknochenmogul die Bahn frei, stolzgeschwellt und von Prominenten umzingelt (»*Adenauer bestellte, als Ehrerbietung an mich, wie er sich ausdrückte, ein halbes Hendl, das er auch tatsächlich aufaß. So ist Adenauer noch auf seine alten Tage zum Hendlfan geworden*«), oft in Spendierhosen gehüllt (»*1973 beteiligte sich Heidi Brühl am Hendl-Rezept-Wettbewerb mit einem Hendl ›Las Vegas‹. Es wurden die 100 besten Rezepte aus 10.000 Einsendungen prämiert. Die Preise waren: eine tolle Reise, 10 knallrote Peugeots, 104 Mofas, Fahrräder und Einkaufstaschen als Trostpreise*«), vor allem aber giftig und grimmig war der Emporkömmling darauf bedacht, seine Betriebe geradezu in Nazi-Großkampftag-Manier auf Vordermann auszurichten. »*Ich betrat die Gaststätten gewissermaßen durch den Hintereingang und inspizierte zuerst alle Mülltonnen – auch im weißen Hemd und im dunklen Anzug –, um festzustellen, ob nichts Unnötiges weggeworfen worden war. Das gab mir Aufschluß, wie gewirtschaftet wurde. Dann ging ich in den Gastraum, begrüßte jeden Gast und wehe, es standen auf den Tischen leere Gläser und volle Aschenbecher statt umgekehrt.*« Gläser voller Asche waren okay.

Angestellte, die gut spurten, verfrachtete Jahn zur Belohnung bis dorthinaus (»*Im Juni 1969 nahm ich wieder zweihundertfünfzig Mitarbeiter mit auf eine Traumreise nach Athen und Istanbul*«). Im Ernstfall gab es sogar spezielle Gunstbeweise. »*So ehrte ich im Jahr 1975 fünfunddreißig Mitglieder der Bereichsleitung Außendienst für ihre hervorragenden Leistungen mit einem Zinnteller mit mei-*

nem eingravierten Namenszug.« Darauf, das muß Friedrich Jahns fanatische Überzeugung sein, haben seine Angestellten keineswegs geschissen; hier, das nimmt er an, wurden die Löcher im Strumpfband der Corporate Identity gestopft und geschlossen mit verkratzten Zinntellern und dem legendären *»Hendlorden in Silber, Gold und mit Brillanten und Ehrungen«* (vgl. § 7 der *»Wienerwald-Philosophie«*, S. 407).

»Das war vielleicht der Grund, warum wir nie einen Betriebsrat hatten, denn ich war mein bester Betriebsrat«, jubilierte Jahn, der sich zutrauen durfte, seinen weltweit zeitweise 27.000 bis überschlägig hochgerechnet knapp schon 324.000 Angestellten ebensowohl als Chef wie auch als kundiger Betriebsrat mit Mülleimer-Inspektionen und Hendlorden zur Seite zu stehen, ohne darüber seine Verpflichtungen gegenüber dem Rest der Menschheit zu vergessen. 1961 schenkte Jahn dem Berliner Zoo einen Zwergflußpferdbullen und 1965 ein Mähnrobbenpärchen, während der Münchner Tierpark zum 15jährigen Wienerwaldjubiläum ein Gorillaweibchen erhielt und der Zürcher Zoo 1975 irgendwelche raren Krontauben. In der Zwischenzeit erhielten die Verbraucher zwischen Kanada und Japan von Friedrich Jahn gegen bare Münze einige Milliarden Grillhendl, wodurch sich der Umsatz billig vervielfachen ließ. Keine Kosten scheute Jahn zur gleichen Zeit betreffs der Ausbildung seiner Töchter; nun konnte er sich ja den Luxus *»leisten, in sie zu investieren. So charterte ich zum Beispiel im Sommer 1965 kurzerhand eine Motorjacht und hüpfte damit von Insel zu Insel im Tyrrhenischen Meer. Ischia, Capri, die Blaue Grotte, die Liparischen Inseln und Messina waren angesagt, und wir ließen es uns richtig gut gehen.«*

Und die Welt war dankbar. »*Mehrere Lords luden mich auf ihre Besitztümer ein*«, das freute und erfrischte den nun doch allmählich schon ergrauenden Star der internationalen Hendl-Szene, der ab 1972 auch als Ritter vom Heiligen Grab fungieren durfte. »*Förmlich mit Ehrungen überschüttet wurde ich bei der feierlichen Europa-Preisverleihung in Bad Ragaz in der Schweiz*«, doch es sollte noch besser kommen: »*1980 stiftete die ›Service World International‹, eine Fachzeitschrift der Cahners Publishing Company, USA, einen ›Man of the World Award‹ und ernannte mich zum ersten ›Man of the World‹.*«

Der Ritter vom Heiligen Hühnergrab revanchierte sich mit Ehrungen, die er selbst ertüftelt hatte und völlig wahllos in der Welt verteilte. »*So erhielt zum Beispiel der deutsche Bundeslandwirtschaftsminister Dr. Ertl als Freund des Wienerwaldes und Österreichs für seine erfolgreiche Agrarpolitik auf der 23. Klagenfurter Holzmesse das diamantene Hendl.*« Doch das dicke Ende nahte wie bestellt.

1982 hing die Firma plötzlich mit Millionenschulden durch; die Boulevardpresse streute Konkursgerüchte, Kredite wurden storniert, und Friedrich Jahn mußte mit Hermine in einer kümmerlich bemessenen Zweizimmerwohnung Zuflucht suchen. Hatte er das verdient?

Ich zitiere Angestelltenstimmen; Friedrich Jahn war so gut, auch das Personal, vom Chefkoch bis zur Putzfrau, in seiner Autobiographie ausführlich zu Wort kommen zu lassen. Klaus Reindl, vormals GmbH-Geschäftsführer des Wienerwalds in Deutschland, merkt an, daß er Friedrich Jahn kein einziges Mal gähnen gesehen habe, »*auch zu später Stunde nicht*«, niemals; »*ein Phänomen, über das ich oft nachgedacht habe*« – warum hat Jahn nie gegähnt? Wir werden es nicht erfahren. *»Er mochte auch keine Roten und besonders keine Gewerkschaftler«*, berichtet Jörg Schneider, Leiter der Marketingabteilung. *»Die waren ihm besonders ein Dorn im Auge. Alles Parasiten.«*

Na, na, na! Die Maßstäbe rückt, in letzter Sekunde, auf S. 362 der *tz*-Reporter Dagobert Dohn zurecht: *»Genie und Wahnsinn liegen oft beieinander! Albert Einstein, Leonard Bernstein, Friedrich Jahn-›stein‹...«*

Der Komponist Ludwig Schmidseder und Friedrich Jahn

Vom Wahnsinnigen unterscheidet sich das Genie vorzüglich durch Genauigkeit im Denken; eine Fähigkeit, die Friedrich Jahn in hohem Maße eignet. Jahn, das teilt ein anonymer Jahn-Angestellter mit (S. 405), ist *»mehr als genau im Denken«*, denn er führt *»mehr als 10 Gedanken ständig im Kopf«* mit sich spazieren.

Hier sind sie:

1) Ich habe Appetit auf ein Wienerwald-Grillhendl.

2) Ich war immer ein Mann der Front.

3) Der Wienerwald war der Wegbereiter, daß das Huhn Einkehr in fast alle Kaufhäuser und Gaststätten gefunden hat und auch Ambulanten (sprich: Verkaufswagen mit Hendl) zu großem Erfolg verholfen hat.

4) Wieso habe ich eigentlich den Papierfabrikanten Haindl aus Augsburg nicht gebraten?

5) »*So wie Dein Grill ist, so ist Deine Seele!*« (S. 406).

6) Gerne kennengelernt hätte ich übrigens auch den Gurkenkönig.

7) Möge die helle Flamme der Begeisterung niemals in uns versiegen.

8) Ich bin mein bester Betriebsrat.

9) Alles Parasiten!

10) Und ist der Zahn auch noch so steil, a bisserl was geht alleweil.

Wie selbstverständlich war Friedrich Jahn auch erschreckend dick mit Franz Josef Strauß befreundet: »*Für mich als Wirt war er auch deshalb interessant, weil er gut und viel essen und trinken mochte.*« Ausgerechnet beim größten Abenteuer seiner Laufbahn mußte der gerne auch im Privatjet herumsausende Spezi vom Hühnergrill allerdings ohne Franz Josef Strauß auskommen. Im Oktober 1967 flogen einige Giroverbandsfunktionäre, Bierbrauer, Juristen und Friedrich Jahn Neufundland an, als die Wetterverhältnisse umschlugen. Kaum war gegen den Orkan noch anzufliegen, und der Sprit wurde verteufelt knapp. »*Im Polarmeer überlebt ein Mensch keine zwei Minuten und Neufundland war noch weit.*« Friedrich Jahn holte ein Heiligenbild hervor, »*das ich für alle Fälle immer in der Brieftasche trage*«, und so gelang es noch, mit Hängen und Würgen, mit Pauken und Trompeten, das rettende Ufer, wie es so schön heißt, mit Ach und Krach zu erreichen – das Flugzeug »*rasierte ein paar Bäume ab und bohrte sich dann krachend in einen Sumpf. Genau 437 Bäume waren es. Das beweist die Rechnung vom Forstamt Neufundland, die wir hinterher bekamen.*« Franz Josef Strauß hatte seine Teilnahme an dem Himmelfahrtskommando trotz vorliegender Einladung noch rechtzeitig storniert. »*Der Pilot rechnete später ganz kühl aus, wenn Strauß tatsächlich mitgeflogen wäre, hätten wir wegen seines Gewichts Neufundland gar nicht erreicht, sondern wären irgendwo im Eismeer versunken ... Wie das Leben manchmal so spielt!*«

Im zauberhaften, 134 Seiten langen Fototeil zeigt sich Friedrich Jahn von seiner besten Seite, immerfort im Kreise seiner Lieben, beim Romméspiel im Familienverband zwischen Gummibäumen und Paradekissen, dann wieder vorschriftsmäßig in der Hollywoodzwangsschaukel, hinter Keulenterrinnen mit Beckenbauer, Vico Torriani, Höcherl, Strauß, Paul Hörbiger, Dagmar Berghoff und Stoltenberg, aber auch im Windschatten vollends Unbekannter (»*Peter Steinberg und Frau, Peter Prasch, Mutter Steinberg, Marili, Vater Wilhelm Steinberg, Herr und Frau Jahn, Wienerwald-Direktor Leichtfried*«) oder immer wieder einmal feixend in einem Pulk grausamst frisierter Frauenzimmer oder geleckter Sängerknaben – Friedrich Jahns Leben, soweit es abgespult und aufgeschrieben vorliegt, muß ein Fest gewesen sein, ein einziger langer Reigen aus Bratfett, Brillantine, Gala-Diners, Hochzeiten, Helicopterfahrten, Hendlorden, Piccologepichel, knallharten Verhandlungen, Frischzellenkuren, Freßgelagen, Mülleimerkontrollen, Katerfrühstücken und Walzerklängen. Kein Hund, kein Huhn möchte so leben.

Aber Friedrich Jahn, unserem klops- oder kloßartig geformten, nicht von Haus aus auf den Umgang mit den Schönen und Reichen paßformgerecht zugeschnittenen, doch trotzig in die Hände spukkenden, Grillhuhnschenkel zu Abertausenden verschmausenden, nimmermehr vom Aufbaufieber genesenden, mit Zwergflußpferdbullen und diamantenen Hendln jauchzend um sich schmeißenden Wirbelwind und Milliardensassa, war es gegeben, sich auch den inferiorsten Freuden gläubig und entschlossen bis zur äußersten Ekstase hinzugeben. Friedrich Jahn, Leckermaul, Genießer und Partylöwe, Prototyp des energiegeladenen, später auch feist bis zur Rosenlippigkeit ausgestülpten Nachkriegsunternehmers großdeutscher Grillrostprägung, hat alles gewollt, alles gewonnen, alles genossen, alles verloren und am Ende sehr schön alles aufgeschrieben, annähernd 1:1, wie es aussieht.

Die Grillspieße drehen sich weiter. Im Blick auf den in ihrer Glut erblühten und verdorrten Friedrich Jahn erst lebt die Ahnung von der Majestät des Wohlstands, der die Menschen, die er fett macht, nicht zugleich verderben muß.

Peter Härtling!

Wenn ich heimkomme, häufig spät in der Nacht oder früh am Morgen, angetrunken, aufgewühlt von Gesprächen, deren Verlauf und Sinn ich schon vergessen habe, werfe ich mich angezogen auf mein Bett, zünde kein Licht an, starre in die Dunkelheit und denke mit immer kürzerem Atem an Ihren Altersroman, in dem es von Franz Schubert und seinem Busenfreund Mayrhofer so schön heißt: *»Kommen sie heim, häufig spät in der Nacht oder früh am Morgen, angetrunken, aufgewühlt von Gesprächen, deren Verlauf und Sinn sie schon vergessen haben, werfen sie sich angezogen auf ihre Betten, zünden kein Licht an, starren in die Dunkelheit und reden mit immer kürzerem Atem aufeinander zu, indem sie sich über andere auslassen, deren Liebschaften und Verhältnisse. Nur sich sparen sie aus. Sie erhitzen sich mit Sätzen. Wörter wirken wie Hände, schützend, streichelnd.«*

Und dann, Peter Härtling, erhitze ich mich mit Sätzen. Wörter wirken wie Hände, schützend, streichelnd, und schon habe ich es wieder mollig warm in meiner Stube, der Kanonenofen bleibt kalt, und auf den Telefonsex bin ich ebenfalls nicht mehr angewiesen. Und das, Peter Härtling, habe ich Ihnen zu verdanken.

Dankeschön, Peter Härtling!

Prost Abendmahlzeit

Friedrich Schorlemmer boomt. Kaum ein Tag vergeht, ohne daß uns Sprüche, Bilder, Betrachtungen und treuherzige Augenaufschläge jenes Wittenberger Wunderheilers erreichen, der nicht nur die Carl-von-Ossietzky-Medaille der Internationalen Liga für Menschenrechte eingesteckt hat, sondern auch den Friedenspreis des Deutschen Buchhandels.

1983 ließ Schorlemmer in Wittenberg demonstrativ ein Schwert zur Pflugschar schmieden. Friedensliebe, Herzensgüte, Zivilcourage, Familiensinn, Edelmut und züngelnde Lieblichkeit waren von jeher Schorlemmers bevorzugte Tugenden. Je kleiner er sich macht, desto größer kommt er heraus, und seine letzten Worte müssen eines Tages in den Nachrichten an erster Stelle zitiert werden. Denn Friedrich Schorlemmer ist alert und konsensfähig, ein Allgemeinplatzanweiser und Nächstenliebhaber, wie er im Buch der Bücher steht. Kein Gedankenflug ist ihm zu niedrig, kein Holzweg zu weit und kein Forum zu doof, wenn es darum geht, die frohe Botschaft zu übermitteln, die besagt, daß Schorlemmer, im Sauseschritt düsend, von seinem Himmelsritt die Liebe mitbringt.

»Die großen christlichen Feste feiern Wunder, etwas Wunderbares, das die Welt verwandelt«, jubelte er zum Pfingstfest 1993 im *Tagesspiegel* und setzte gleich noch einen drauf: *»Pfingsten ist der euphorische Moment der Einheit mitten im Alltag unserer Unterschiedenheit. Das Wunder der Ver-*

ständigung als das Gegenbild zur babylonischen Sprachverwirrung. Das wird gleichzeitig zur Gründungsversammlung der Kirche als einer internationalen Bewegung. Darüber hinaus wird 'Geistesgegenwart' Jesu im 'Tröster' dem Heiligen Geist zugesprochen. Und schließlich ist Pfingsten das christliche Frühlings-Schöpfungsfest, die Preisung des Maien-Zaubers.«

Während dieser Quatsch gedruckt wurde, schlugen in Solingen die Flammen hoch. Das Scheußlichste an evangelischen Pappnasen wie Schorlemmer ist ihr Bestreben, jeden Dreck mit dem faulen Maien-Zauber ihres Aberglaubens in Gold zu verwandeln. *»Sind wir noch für Wunder offen? Pfingsten ist das Wunder der Verständigung; Wunder sind selten, sonst wären es keine Wunder. Wunder wollen gefeiert werden.«*

Es muß Menschen geben, die es entzückt, sich solchen Kunsthonig um den Bart streichen zu lassen; anders ist der Schorlemmer-Boom nicht zu erklären. Daß das Gute in der Welt nicht automatisch Junge kriegt, wenn ein Sektenprediger in Wittenberg die Völkerverständigung, die Geistesgegenwart Jesu, alle Neune, den Weißen Riesen, den Heiligen Geist und Daniel Düsentrieb beschwört, scheint sich immer noch nicht bis zum letzten Friedenspreisjuror herumgesprochen zu haben. Mit Simsalabim und Abrakadabra stellt Schorlemmer dem Bösen nach und wird gefeiert und ausgezeichnet, denn er tut allen wohl und keinem weh.

»Mit Händen und Füßen verständigen wir uns. Das ist erfreulich und baut Beziehungen auf. Um so schmerzlicher ist es, wenn wir uns statt dessen immer wieder ›mit Fäusten und Knobelbechern‹ Beziehungsabbruch, Verständigungs-Crash demon-

strieren.« Die Verständigungs-Crash-Karambolagen in Rostock, Hünxe, Hoyerswerda, Mölln und Solingen waren schließlich schmerzlich genug; wenn schon nicht für den deutschen Volkskörper, dann doch bestimmt für die Opfer und für Friedrich Schorlemmer Er liebt uns, er liebt uns nicht, er liebt uns...

»Eine Einheit im Geist braucht auch die Einheit im Leib. Aber erstere ist Voraussetzung für letztere, wenn denn Einheit nicht bloß ein gegenseitiges Zweckbündnis sein soll. Der Geist Gottes transzendiert unsere Zweckbündnisse und ermöglicht grundlegende Verständigung, die in konkreten Konflikten der Praxis erhalten bleibt.« Mit der Einheit im Leib, der Höhensonne im Herzen und Transzendenzphantasien im Geist ist der fromme Mann unermüdlich unterwegs als Trostpflasterkasten und Knallkopf. Was ihn umtreibt, ist *»die gewisse Erwartung eines Beistandes, eines unverfügbaren Trostes.«* Die Unverfügbarkeit rückt den Trost in eine rhetorische Sphäre, die zuvor wohl nur die Unhintergehbarkeit des Traumes vom Schlaraffenland durchmessen hat. Wäre es aber, im Sinne der Aufklärung über den Charakter des Menschen, nicht hilfreich, Friedrich Schorlemmers quälend keimfreies Katechumenen-Image zu trüben?

Der gleich nach Jesus und Schorlemmer drittbeste Mensch der Weltgeschichte, Björn Engholm, ist immerhin der Lüge überführt worden. Ein dazu passendes Schorlemmer-Showdown-Szenario könnte uns nun gerade noch einmal rechtzeitig vor Schorlemmers Himmelfahrt und Heiligsprechung zeigen, wie unser Friedenspreisempfänger lügt, betrügt, schal ehebricht, wildfremde Götter neben Gott hat und sich ein Bildnis macht. Ach, man sieht den Buben doch förmlich vor sich, wie er in böser Absicht Veits tanzt, Kaugummiautomaten zerfleischt, sich nicht die Zähne putzt, den Menschen verachtet, ins Kirchenschiff koffert, Engel ohrfeigt und die Einheit im Leib mit seines Nächsten Weib herbeiführt. Der *Stern* könnte ein Foto publizieren, das uns zeigt, wie Friedrich Schorlemmer Jungrobben jagt und Wale würgt, und in den *Tagesthemen* müßte vorgeführt werden, wie er heimlich Tinte trinkt und Kakao schreit. So entsetzlich gut und ungeil, wie er sich geriert, kann er überhaupt nicht sein. Wetten möchte man darauf abschließen, daß Schorlemmer im Grunde ein geriebener Haderlump sei, ein spritzender Giftzwerg und Gierschlund, daß er Bierleichen im Klosterkeller habe und stockende Sportsflecken auf der weißen Weste, ja, daß er nachts die Fäuste ballt, die Knobelbecher schnürt und in den Gassen Wittenbergs inkognito den verblüfften Passanten Beziehungsabbruch und Verständigungs-Crash demonstriert.

Leider funktioniert die Heilsgeschichte anders. In Wirklichkeit sitzt Friedrich Schorlemmer wahrscheinlich gerade auf seiner Terrasse unterm härenen Sonnenschirm, läßt sich den Sommerwind über den Beinflaum streichen, saugt O-Saft ein und exzerpiert das Neue Testament. Menschenverachtung, Zynismus, Frauenfeindlichkeit und fleischliche Begierden müssen dabei verdorren. Nun klingelt das Telefon. Am Apparat ist Eugen Drewermann. Er bereitet einen rororo-aktuell-Reader mit Antworten auf die Frage vor, ob es statthaft sei, die Leiche des lieben Gottes von der Intensivstation auf den Friedhof zu verlegen. Schorlemmer verneint die Frage spontan und erklärt sich bereit, seine Antwort zwölf Druckseiten lang auszuwalzen. Eugen Drewermann freut sich. Udo Lindenberg,

Peter Härtling, Walter Jens, Margarete Mitscherlich, Antje Vollmer und Campino hätten auch schon zugesagt, ruft er fröhlich, und Friedrich Schorlemmer gießt sich vor Begeisterung einen halben Liter O-Saft über den Talar. Der euphorische Moment der Einheit mitten im Alltag unserer Unterschiedenheit hat ihn breitseits erwischt.

»*Schorle, komm rein, Essen ist fertig!*« ruft's nun aus dem Haus.

»*Was?*«

»*Abendmahl! Happa-happa!*«

»*Ich komm ja schon! Sehen Sie*«, sagt Schorle, wringt den Talar aus und lächelt uns wissend an, »*das war das Wunder der Verständigung als das Gegenbild zur babylonischen Sprachverwirrung!*«

Es gibt gebratene Friedenstaube, Leib-Christi-Schaschlick, eine gewaltfrei gekelterte Schorle Meßwein und zum Nachtisch Oblaten. Das Auge Gottes ißt mit.

Mord-Welt Wort-Welt

Es weht und wackelt schon etwas unendlich Trostloses und Tristes zwischen den Zeilen hervor, wenn deutsche Lyriker sich Mühe geben, in die Schwergewichtsklasse vorzustoßen. Bei dem selbstquälerischen Versuch, den genormten Agitprop hinter sich zu lassen, sind viele DDR-Lyriker gescheitert; Bert Papenfuß-Gorek hat es allerdings geschafft, ins gehobene Feuilleton einzudringen mit seinen sonderbaren poetischen Kleinkunstwerten, die sich beispielsweise folgendermaßen lesen: »*liebenswuerdig wuerdenlieberich / weltmensch o im weltschmelz / zwischen zufallsfreiheit / & regem frieden / lieb o'wuerden wuerdenliebig / weltmensch o im weltschmelz / zwischen zufallsfreiheit / & regem frieden / wuerden eure liebwuerden / sohoho lieblicher sein / strammstehn zu lassen / die zufallsfreiheit / im regen frieden / frei' aller / heiten*«
Überschrift: »*frei der 'heiten um zu streiten*«.
Es muß ziemlich furchtbar gewesen sein, unter politischen Umständen zu leben, die einen zwangen, in dergleichen experimentellen Kassibern Informationen über die Gegenwart suchen zu müssen. Schon die Überschriften der Gedichte von Papenfuß-Gorek sprechen Bände des Grauens: »*Natter Erde Lass Gut Sein Ich Mal Mir Was Aus*«, »*bestellungsbestattungsentgattung*«, »*gesuch um rauch bitte um nachtung*«, »*a kenntnis & b kenntnis*«, »*entliebung*«, »*grassargsehnsucht*«, »*die verwesung, die hoffnung*«, »*ent-sagung*« oder auch »*der clärungen eincelner sünden 3tte (expropriation)*«,

potzblitz, hier schießen hitzige Phantasie, Kraftmeierei und der unangenehm hohe Ton des nachgebleichten Ästheten durcheinander, bis alle Lesegewohnheiten aufgebrochen worden sind und jämmerlich zugrundegehen müssen: »*...wie ein loser fer stand schwimmt der ab stand / der seit je gewesenen eisenbahnempfindungsschwellen / dadurch wird die merkwuerdigkeitserscheinung sichtbar / / darin die tauchschrift: entgeht euch dies fergessen...*«

Zusätzlich erschwert wird das Verständnis, denn es handelt sich ja um Kunst, durch bizarre Druckanordnungen der einzelnen Strophen und Buchstaben, eine gräßlich alberne Unsitte, die wahrscheinlich den extrem sensiblen Umgang mit der Sprache signalisieren soll. Der Autor Gerhard Wolf weiß etwas mehr über Bert Papenfuß-Gorek: »*Er erlaubt sich schon, mit der Sprache anzuzweifeln, indem er die Sprache selbst in Zweifel zieht, ein Zweifel, der in ihr verborgen ist, den er hervorkehrt. Seine Dichtung setzt Wort-Anschauung für Weltanschauung, Wort-Beobachtung für Beobachtung, Wort-Sinn statt Weltsinn, Wort-Welt an die Stelle von Mord-Welt.*«

Ja, wenn das »*sohoho*« ist – setzt der Dichter dann vielleicht auch noch ein Wort-Bild an die Stelle von *Sport-Bild* oder gar noch ein Wortschwein an die Stelle von Wildschwein? Nichts leichter als das: »*kleinschweif weitenstreif kurz mildschwein*« heißt eines der Gedichte von Bert Papenfuß-Gorek, aber daraus möchte ich jetzt wirklich nicht mehr zitieren; als ich zuletzt zuviel gebohleyt und gerinsert hatte, trat mir Gisela Güzel mit Wucht vors Schienbein – was sie anstellt, wenn ich zuviel papenfuß-goreke, möchte ich gar nicht erst in Erfahrung bringen.

Pfui, Dorothee Sölle!

Die Ausdrücke, die Sie im Gespräch mit dem Aufklärungsmagazin *Neues Deutschland* in den Mund genommen haben, sind baba. Dabei nimmt sich die von Ihnen geheiligte Dreifaltigkeit »*Volk, Mutterland, Muttersprache*« mindestens so unschicklich aus wie jene drei Phänomene, welche Sie als die größten Menschheitsfeinde betrachten: »*Die drei F: ›Fressen, Ficken, Fernsehen‹. Den Konsumismus halte ich für einen der größten Menschheitsfeinde.*« Der satte, unkeusche und vergnügte Mensch ist Ihnen ein Greuel. »*Freud und Leid berühren ihn nur in kurzen Snack-Pausen. Auch der weiß nichts mehr vom Pudding und wie man mit der Familie ein schönes deutsches Frühstück feiert.*«

Eine Frühstücksdirektorin wie Sie, die alles vom Pudding weiß und das deutsche Frühstück feiert, statt es wenigstens zu essen, versteht nur eine Sprache: Muttermund zu, es zieht!

*Was Sie noch nie
über Lothar Matthäus wissen wollten*

Bramm, bramm, bramm. *»Er weiß, was er leistet, und genießt, was ihm zusteht: Mercedes 500 SL, Villa mit Park, 150.000 Mark Monatsgehalt bei Inter Mailand. Neu auch: das selbstbewußte Kurzhaar«*, berichtete 1990 die *Bunte* über Lothar Matthäus. *»Das Herz von Matthäus ist eineinhalbmal größer als bei einem Nichtsportler. Aber es liebt auch Blumen. Es schenkt am liebsten weiße Lilien.«* Oje. *»Beim Laktat-Test (Milchsäure-Analyse) gehört er zu den fünf Besten der Nationalelf. Muskelpanzer statt Bauch. Eine Fotografin: Er faßt sich an wie eine Götterstatue aus Marmor, so hart.«*

Jedesmal, wenn sie den Mund aufmacht, wird die Götterstatue zur Nervensäge. Ja, Lothar Matthäus ist ein Weltstar, ein *»Vorzeigemodell wie Mercedes«* (Matthäus), der Leitwolf, der Kapitän, *»molto importante«* (Matthäus), unser Rekordnationalspieler (*»Ich hab' meinen Ehrgeiz, und mein Ehrgeiz treibt mich dazu, immer das Optimale herauszuholen«*), ein rauschgiftabstinentes Vorbild (*»Meinem Manager und mir war nach der WM bewußt, daß wir größer in den Werbemarkt einsteigen konnten. Ein erfolgreicher Lothar Matthäus, der dazu Kapitän der Weltmeisterelf ist, hat Vorbildfunktion«*), ein Kämpfer (*»Es ist schon toll, wenn man mehr drauf hat als andere. Vor allem im Zweikampf«*), ein neuer Mann (*»Ich bin gerne Mann. Aber Macho? Macho bin ich allenfalls am Ball, weil ich mit viel Kraft und Dynamik spiele«*); und gelegentlich, nicht gerade im Interview mit *Sports,* setzt er sich auch als Schreihals und Rüpel in Szene, was von wortgewandteren Sportreportern stets genüßlich registriert und überliefert wird. Es ist billig und einfach, Sportler mit ihren eigenen Worten als Töffel zu denunzieren, und für den, der es versucht, bedeutet es einen Distinktionsgewinn, der den Spielverlauf allerdings auf den Kopf stellt und auch in der Höhe durchaus unverdient ist: Kicker viel doof, haben nur Mittlere Reife, sagen: insofern daß und gehen essen in Restaurants, was sein geschrieben mit falsche Apostroph-S, höhö! Unter der süffisanten Überschrift »Wenn das Kaiserle erzählt« mokierte sich 1990 Jürgen Leinemann im *Spiegel* über den tolpatschigen Schnellredner Matthäus: »*Lockerer Turm in der Schlacht der schiefen Bilder ist der Capitano, Vorbild für seine Kameraden auch in diesen heißesten 90 Minuten, die jeder WM-Tag zwischen den Spielen den Männern aufbürdet. Denn von zwölf Uhr mittags bis zum erlösenden Essensruf um 13.30 Uhr treffen die Kicker der Nation auf ihre Gegner von der Presse, die – so Lothar Matthäus – mit ihren ›schwarzen Schafen‹ immer mal wieder teilweise Ausdrücke ›in die Presse zum Stehen bringen‹, die unter die Gürtellinie gehen und die er eben nicht für richtig findet.*« Das möchte er doch schwarz auf weiß haben, der Leser, daß Leute wie Matthäus sich die Insignien des sozialen Aufstiegs nur dreist angeeignet haben und in Wirklichkeit doch immer noch Proleten sind, die sich nicht geistvoll artikulieren können.

Für Freunde des Kabaretts, die bereits bei der Nennung von Geburtsorten wie Herzogenaurach oder Oggersheim vor Vergnügen quietschen, ist damit alles in Dortmund. Aber wer hat eigentlich gesagt, daß Fußballspieler brillante Stilisten zu sein hätten? Wer hält ihnen denn dauernd die Mikrofone hin und lauert auf die rhetorischen Patzer? Ist es nicht eher rührend, wenn die von Halsabschneidern und Dunkelmännern umzingelten Stars ihr Geld zu retten versuchen, indem sie es in krachdumme Villen, schnelle Frauen, Sportwagen und Rutschky-Schuhe investieren? Noch dümmer als das Schwallen und Posieren, das Zähnefletschen und Muskelrollen des Kapitäns ist das Genörgel der blinden Passagiere.

Nach einer anderen Polemikschablone wäre Matthäus leicht als Kampfmaschine zu denunzieren, während früher ... Netzer und Beckenbauer ... Filigrantechniker ... aber heute ... Blitzkrieg ... Maulheld ... nöckel, nöckel, nöckel – ja, wir sind uns wieder einmal einig. In seinen besten Spielen scheint Matthäus, auch wenn er kein Weltklassespieler vom Range Netzers oder Beckenbauers ist, seine Kraft doch direkt aus dem siebenten Fußballhimmel zu beziehen; unvergessen sind seine Geniestreiche beim Weltmeisterschaftsspiel gegen Jugoslawien 1990 (4:1). Es ist albern, sich darüber zu giften, daß einer, der sich außerhalb des Stadions als Prahlhans und modebewußter Ramafamilienvater hervortut und nebenbei auch noch den unvergleichlich viel sympathischeren und technisch genialeren Uwe Bein aus der Nationalmannschaft geekelt zu haben scheint, niederträchtigerweise dennoch und nicht einmal unverdient Weltmeister geworden ist. Die Kompatibilität von Riefenstahl-Ästhetik und Matthäus-Reklameseiten schließt ja keineswegs aus, daß er ein großer Spieler ist. Und das ist er leider, der Lothar.

Doch ich höre gerade Jubel in Kaiserslautern. Können Sie mich hören, Jochen Hageleit? Hallo?

Radikale Moslems!

Wie man liest, nennt Ihr Euch selber so, agiert in Kreuzberg und tretet mit Stiefel und Rute für Prüderie und Fanatismus ein. In einem Schaukasten des Berliner Eiszeit-Kinos mißfiel Euch ein Nackedei. Er verletze die Ehre der *»islamischen Frau«* und müsse weg, befandet Ihr souverän, denn in Kreuzberg herrschten *»andere Gesetze«,* nämlich Eure. Drohanruf, Ultimatum, Pöbelei und demolierte Lampen im Treppenhaus vor dem Kino waren die wenig entzückenden Konsequenzen Eures frommen Eifers.

So weit, so saudumm. Aber es ist doch auch immer wieder schön, wenn abergläubische Radaubrüder die alte Quatschnase Walter Jens und sein Märchen von der Liberalität des Islam gewaltsam Lügen strafen (cf. Sure 47,4: *»Und wenn ihr die Ungläubigen trefft, dann herunter mit dem Haupt, bis ihr ein Gemetzel unter ihnen angerichtet habt«*).

Allahu akbar.

Schorlemmer, Schorlemmer!

Heraus aus der Enge und dem Mief möchte ich zurückfinden zu Konzentration und Wärme, aber dann schlage ich die *Wochenpost* auf, und schon predigst Du wieder, daß Gott erbarm: »*Das Alles-haben-Wollen verdeckt allzuschnell das Nichts-mehr-Sein. Heraus aus der Enge und dem Mief möchten wir zurückfinden zu Konzentration und Wärme*« und jener Kraft, die durch die Freude erzeugt wurde, welche Pastoren in der DDR dabei empfanden, wenn sie mit dem Bügeleisen die Farben westlicher Fettstifte in Butterbrotpapier einbügeln durften. »*War das eine Freude beim Kinderfest mit den guten Filzstiften und diesen wunderbaren Farben der Fettstifte, die man mit dem Bügeleisen in Butterbrotpapier einbügeln konnte, um daraus possierliche Farbspiele zu machen – was war das gegen das Grau und die gefälschten Farben der Kommunisten?*«

Schorlemmer, Schorlemmer, das Alles-besingen-Wollen verdeckt allzuschnell das Nichts-begriffen-Haben außer Fettstiften, um daraus possierliche Farbspiele zu machen.

Schorlemmer in die Produktion!

Ich scanne kulturelle Oberflächen

Weil er sonst nichts gelernt hat, betreibt der Journalist Matthias Horx in Hamburg ein »Trendbüro«, das dazu dient, viel Wind zu machen und Kauderwelsch zu verbreiten: »*Trendbüro ist eine Agentur für Consulting, Monitoring und Recherche*«, schreibt Horx in seinem ersten »Trendbuch«. Aber was ist Monitoring? »*Monitoring ist ein Scanning-Prozeß*«, heißt es dazu dunkel brausend. Das »*Scanning der kulturellen Oberflächen*« scheint seinen Mann zu ernähren. Ist es nicht sonderbar, mit welchen Tätigkeiten sich in der postmodernen Welt der digitale Schornstein zum Rauchen bringen läßt?

– Guten Tag, ich bin Bäcker, und was machen Sie?

– Ich scanne kulturelle Oberflächen.

– Mit oder ohne Monitoring?

Den Substanzen, mit denen Matthias Horx in seinem brodelnden Trendforschungslabor hantiert, hat er sonderbare Namen gegeben: »*Immermehrismus*«, »*Transparent-Welle*«, »*Singleisierung*«, »*Ökolozismus*« und »*Multiperspektivik*«. Für den intellektuellen Zugriff auf die Welt sind solche singenden, klingenden Löweneckerchenbegriffe ebenso hilfreich wie Loriots Familienbenutzer bei der Haushaltsführung. »*Mit diesen vier Parametern – virtuoser Ironie, Hang zu Zynismus, Rückkehr in die Langsamkeit, melancholischer Distanz – läßt sich ein erstes grobes Grundraster der Jugendmentalität der Mittneunziger zeichnen.*«

Was nicht gar! Langsam, lustig, kalt und traurig, das soll nun die Jugend sein?

– Guten Tag, ich erforsche Jugendtrends, wie fühlen Sie sich?

– Ich bin virtuos ironisch, zynisch, etwas lahm und melancholisch distanziert.

– Ach?

Das Layout des Buches ist so quirlig beschaffen, daß man Kopfweh davon bekommt. Der Trend zum Aspirin wird ungebrochen bleiben; das ist meine eigene kleine, völlig ohne Monitoring, Scanning und Consulting erstellte Laienprognose.

Franz Alt sein Song

Komm in mein' Wigwam,
zieh mich am Bim-Bam,
wir teilen gemeinsam Verantwortung.
Wir zeigen uns Nähe
vom Kopf bis zur Zehe,
das fördert die christliche Menschwerdung.

Refrain:
In der ersten Kirche,
da haben wir zusammen gebetet;
in der zweiten Kirche,
da haben wir den Menschen geknetet;
in der dritten Kirche,
da erwies ich mich als Christ.
Jesus weiß, was dann geschehen ist...

Es klimpern die Wimpern
beim Beten und Pimpern;
Wir treiben es ohne Sicherheitsgurt.
Ich kann's kaum erwarten
und krieg einen Harten
beim Gedenken an unsere Fehlgeburt.

Refrain:
In der ersten Kirche...

Sprechgesang:
Baby, wir werden niemals Wegwerfsex miteinander haben. Niemals werden wir einen Mangel an Inti-

mität verschleiern. Oh, no, no! Alles, was wir zum Uns-Liebhaben brauchen, habe ich doch dabei, Schatz – 45 Zentimeter Ethik...

Wir tauschen die Ringe
und sagen uns Dinge
wie Hoffnung, Vertrauen und Ganzheitlichkeit.
Wir falten die Hände
von Bonn bis Oostende,
und keuchen uns keusch Richtung Ewigkeit –
Amen.

Text und Musik: Wiglaf Droste / Gerhard Henschel

Die Apokalyptiker

Alle haben sie wieder vergessen, aber in ihrer großen Zeit war die Giftgaswolke von Bhopal in den Schlagzeilen genau so schwarz auf Weiß und ungeheuer oben wie Tschernobyl, Seveso, die Robben, Sandoz, Harrisburg, Jonestown, Exxon Valdez und ähnliche, mehr oder weniger *»schwere apokalyptische Zeichen«* (Michael Rutschky), die inzwischen größtenteils erheblich an Gewicht verloren und ihre Endlagerstätte im populären Schrifttum der Apokalyptiker gefunden haben. *»Wenn man wachen Auges alles das betrachtet, kann man einem Gläubigen nicht widersprechen, der die Ansicht vertritt, der Antichrist sei los«,* informierte uns bereits 1973 Konrad Lorenz, der »Die acht Todsünden der zivilisierten Menschheit« erkannt zu haben glaubte.

»Daß man uns den Weltuntergang prophezeit, ist wahrlich nichts Neues. In der Religion spielt er von je eine große Rolle und auch in verschiedenen Kulturen. Einige Stämme nordamerikanischer Indianer verehren Inschriften ihrer jahrtausende alten Ahnen, die in Tafelbergen und Granit eingeschlagen das Eindringen der Weißen voraussagten und die Zerstörung der Natur und mit ihr die menschliche Rasse. Wer dann alle Fakten kennt, die sich in den letzten Jahren zunehmend verdichteten, der weiß, was uns erwartet«, mahnte uns, in zweifelhaftem Deutsch, wenige Jahre später Holger Strohm (»Friedlich in die Katastrophe«), und im Jahre des Herrn 1988 erreichte uns die Botschaft des Autors Wolfgang Hingst, der die »Zeitbombe Gentechnik«

zu entschärfen versuchte: »*Der Schrei wird nicht gehört. Das Grauen ist im Grunde nicht beschreibbar. Die Johannes-Apokalypse kommt der Wahrheit näher als alle taxativen Aufzählungen des Schreckens. Wer Ohren hat, der höre...*«

Aber noch immer ist die Menschheit, allen sich verdichtenden Fakten und Warnschreien zum Trotz, nicht untergegangen. Da sich die Wirklichkeit bis heute durchaus nicht nach ihnen gerichtet hat, scheint es mir kein unbilliges Verfahren zu sein, Gestus und Tonfall der massenhaft aufgelaufenen Apokalypsen an ausgewählten Exemplaren einer kritischen Prüfung zu unterziehen.

Was dabei sofort unangenehm auffällt, ist die durchgehend pastörlich getönte Denunziation der permissiven Gesellschaft. »*Aus leicht einzusehenden Gründen zeitigt das zwanghafte Bedürfnis nach sofortiger Befriedigung auf dem Gebiete des sexuellen Verhaltens besonders böse Folgen*«, heißt es bei Konrad Lorenz, demzufolge »*der durch Verweichlichung bewirkte Schwund der Fähigkeit zu starken Gefühlen*« unmittelbar auf eine »*in so vielen heutigen Filmen verherrlichte und zur Norm erhobene Sofort-Begattung*« zurückzuführen sei. »*Unsere gefühlsmäßige Hochwertung des Guten und Anständigen*«, die anderthalb Generationen zuvor, als die Verweichlichung noch nicht gar so weit fortgeschritten war, Auschwitz nicht verhindern konnte, bildet für Lorenz (»*Zweifellos droht uns durch den Verfall genetisch verankerten sozialen Verhaltens die Apokalypse*«) die letzte Hoffnung des untergehenden Abendlandes. »*Zur Verhinderung des genetischen Verfalls der Menschheit genügt es, der alten Weisheit eingedenk zu bleiben, die der weiter oben zitierte alte jüdische Witz in klassischer Weise ausspricht. Es genügt, bei der Gattenwahl die ein-*

fache und selbstverständliche Forderung nicht zu vergessen: Anständig muß sie sein – und er nicht minder.«

Daß Konrad Lorenz den Niedergang der Menschheit durch das Kolportieren solcher Sprüche aufzuhalten versuchte, schmälert nicht seine naturwissenschaftlichen Verdienste; Zweifel an der Zurechnungsfähigkeit des geradezu eifersüchtig alle Todsünden der Menschheit überwachenden Zivilisationskritikers muß es allerdings nähren. Wer argwöhnisch die sexuellen Verhaltensweisen seiner Nachbarn beobachtet und öffentlich verurteilt, begibt sich ohne Not in die schlechte Gesellschaft Herbert Gruhls (»Ein Planet wird geplündert«), eines weiteren Apokalyptikers, der 1978 den Untergang der Welt durch käufliche Liebe gekommen sah: »*Darum werden in einer geradezu schamlosen Weise auch dort Preise gemacht, wo man sich früher scheute. Das treffendste Beispiel: Man sprach in den letzten Jahrhunderten darum nicht von Prostitution, weil man das richtige Gefühl hatte, daß im Bereich der Liebe die Umrechnung in Geld ein höchst unangemessenes Verhalten sei. Heute ist die ›käufliche Liebe‹ ein Thema für jede Illustrierte wie für Tausende von Filmen und so fort.*« Für die nüchterne Mitteilung des Anthropologen Marvin Harris, daß die Prostitution (Geschlechtsverkehr gegen Nahrungsmittel) selbst unter den Pygmäenschimpansen des kongolesischen Regenwaldes ungescheut gang und gäbe sei, sind Apokalyptiker taub. »*Daraus ergibt sich zwangsläufig auch die Zerstörung aller höheren Werte durch Kalkulation. Bei der Liebe ist die Zerstörung ja auch nahezu vollständig gelungen. Man bemüht sich darum schon im Schulunterricht bei zehnjährigen Kindern.*« Die wertkonservative Rhetorik des querulatorischen Elternabendbesuchers beherrschte Herbert Gruhl perfekt. »*Frühere Generationen lernten von Vater und Mutter noch alles, was man im Leben wissen muß. Die Kinder von heute lernen nur noch in der Schule. Sie lernen viel, aber nichts von dem, was die Grundlage des Lebens ausmacht*«, bemängelte er mit der Aufgebrachtheit derer, »*die unsere gegenwärtige Epoche durchschauen*« und in Barsinghausen am Deister die »*Planetarische Wende*« auszurufen versuchen. »*Frühere religiöse Generationen hätten sich über die Fülle gewundert, die ein gnädiger Gott ihnen darbot. Auf Knien hätten sie ihm dafür gedankt. Die heutige Generation dankt niemandem – sie ist voller Arroganz auf ihre Errungenschaften.*«

Überhaupt tut sich der Apokalyptiker sehr schwer mit den Menschen von heute: »*Die heutige Frau kann, wenn sie ›modern‹ sein will, auch nicht ihre alten Eltern versorgen.*« Gruhl zufolge ist falsche Zeiteinteilung die Ursache: »*Der ruhelose Wohlstandsmensch unserer Tage leidet unter ›Zeit-Hunger‹ ... Daran trägt nicht allein die Arbeitszeit plus Fahrzeit schuld. Die Menschen führen inzwischen einen großen Haushalt, in dem es soviel zu tun, wofür es aber keine Bediensteten gibt. Damit eine Familie bei der Jagd nach Gütern mithalten kann, muß meistens auch die Frau ›berufstätig‹ sein. In ihrem Haus hat dann die amerikanische Frau und neuerdings auch die europäische allerdings so viele technische Hilfskräfte und Energien zur Verfügung, daß ihre Leistung der ganzer Sklavenbataillone gleichkommt. All diese Apparate bis hin zum Kraftwagen wollen bedient sein, und es dürfen keine Fehler dabei gemacht werden. Also übernimmt der technisch meist versiertere Mann Hausfrauenpflichten.*«

Verkehrte Welt! Was die Nebenrolle der Frau und die Hauptrolle der Religion in der laufenden planetarischen Wendezeit anbelangt, gehen die Meinungen der Apokalyptiker nicht weit auseinander. *»Wenn die Frau als ›Antimacht‹ sich für eine sinnvolle und menschliche Gesellschaft einsetzt, wird sie einen entscheidenden Einfluß ausüben«*, entschied Holger Strohm. *»Auch der Papst hat sich mittlerweile gegen die Atomenergie ausgesprochen. Dennoch dient ein Teil der Kirche nach wie vor dem Bösen, wie einst zu Hitlers Zeiten. Dabei hat gerade die Kirche die Pflicht, sich für das Leben und gegen die Zerstörung einzusetzen.«* Bizarre Allianzen seien zu bilden: *»Ich glaube, daß der politische Rahmen, der dieses Umdenken ermöglicht, aus verschiedenen Elementen von Christentum, Anarchismus und Sozialismus besteht, und ich stimme weitgehend mit Denkern wie Ivan Illich und Erich Fromm überein. Christliche Werte sind unbedingt notwendig«*, und so nimmt es auch nicht wunder, daß Reizvokabeln aus dem Wörterbuch des ruhelosen Wohlstandsmenschen wie Konsum, Komfort, Luxus usf. im Traktätchenjargon kommentiert und verurteilt werden: *»Übermäßiger Besitz macht einen Menschen nicht glücklicher. Lieben, sich-Gern-haben und sich-Freuen sind wahre Genüsse dieser Welt und unterscheiden sich von der Welt schaler Vergnügen, die man uns mit an Gehirnwäsche grenzenden Methoden als Konsum aufdrängt. Rastloser Konsum blockiert unsere Selbstverwirklichung.«* Was als Studie über die Gefahren der Atomenergienutzung begonnen hatte, entwickelte sich nach 1219 Seiten zu einer dumpfen, die intellektuelle Integrität des Verfassers ruinierenden Aneinanderreihung frommer Platitüden *(»Um unsere Pseudo-Bequemlichkeit brauchen wir uns* *wohl die wenigsten Sorgen zu machen. Auch und gerade ohne übersteigerten Konsum wird das Leben erst richtig lebenswert, z.B. wenn man in seiner Freizeit aktiv wird«),* und am Ende erging den an den rastlosen, schal sich vergnügenden Konsumenten die tantenhafte Aufforderung, er möge *»toleranter, hilfsbereiter, bedürfnisloser und friedfertiger werden«* und von seinem *»System der Ermordung alles Lebendigen aus dem Geiste der Überproduktion und Raffgier«* doch bitte Abstand nehmen.

Noch erheblich weiter als Holger Strohm ging 1987 der Naturmystiker Till Bastian (»Nach den Bäumen stirbt der Mensch«) in seinem Kampf gegen den *»rauschhaften, befriedigungslosen Konsum«* und die inzwischen *»unverhüllt ihr häßliches Medusenhaupt«* zeigende *»Unkontrollierbarkeit der Großtechnik«.* Einer ist immer der Loser und starrt ins Gesicht der Medusa. *»Der moderne, von der Zivilisation parasitär abhängige Mensch, weiß sehr viel über die Milchsorten, die in Supermärkten zu finden sind, er weiß, was es bedeutet, wenn eine Milchsorte ›besonders fettarm‹ oder ›ultrahocherhitzt‹ heißt, er kennt Milchsorten in eckigen Kartons oder solche in runden Flaschen. Er weiß aber nicht, wie er eine Kuh melken soll – sofern er überhaupt schon einmal eine Kuh gesehen hat.«* Früher war alles besser: *»Die Kulturen der Jäger und Sammler waren durch ein verbindliches Weltbild affektiv in der Natur und in der Gemeinschaft verwurzelt. Diese Verwurzelung ist uns verlorengegangen.«* Wie schon Oswald Spengler mißvergnügt registrierte, daß *»statt eines formvollen, mit der Erde verwachsenen Volkes ein neuer Nomade, ein Parasit«* das Abendland bevölkere, *»der Großstadtbewohner, der reine, traditionslose, in formlos fluktuierender Masse auftretende Tatsachenmensch,*

irrelegiös, intelligent, unfruchtbar«, fühlt sich auch Till Bastian zutiefst bedrückt von der systemimmanenten Neigung des weder affektiv noch ideologisch zwischen brummenden Kühen verwurzelten Großstadtbewohners zu Tiefkühlkost und Kabelfernsehen. *»Wie soll denn ein Mensch, der in einem Betonwolkenkratzer wohnt, mit der U-Bahn zur Arbeit fährt, in einem anderen Wolkenkratzer arbeitet, sich von vorgefertigter Tiefkühlkost ernährt, die er unter dem Mikrowellenherd erwärmt, und sich durch die vom Kabelfernsehen bestimmte Scheinwahl zwischen zwölf Programmen ›entspannt‹, während ihm hochqualifizierte Experten von der Geburt bis zum Tod alle wichtigen Entscheidungen abnehmen – wie soll ein solcher Mensch denn wieder eine affektive, demütige Beziehung zu einer Natur entwickeln, die ihm doch gar nicht mehr erlebbar ist?«* Ja, wie nur? Und wieso überhaupt? Völlig abgesehen von der Fragwürdigkeit ritueller Demutsgesten gegenüber Borstenvieh und Schweinespeck dürfte die Naturliebe unter Landwirten bei näherer Betrachtung ohnehin deutlich geringer sein, als der Autor glaubt. Seine Glorifizierung vorzivilisatorischer Verhaltensweisen und Lebensbedingungen gipfelt in einem dramatischen Tagesappell: *»Das, was wir Zivilisation nennen, muß, wenn wir überleben wollen, sofort, umfassend und radikal begrenzt, eingedämmt, ja allmählich zurückgedrängt werden. Und an die Stelle der Zivilisation muß wieder Wildnis treten, soweit dies überhaupt möglich ist.«*
Papalagiartig schwärmerische Theorien über die Erhabenheit, ja Heiligkeit des guten Wilden ziehen sich ebenso penetrant durch die Weltuntergangsliteratur wie die unterschiedlichsten Beiträge zur Rekonstruktion des Animismus und der Wettermacherei. *»Die Völker werden sich aufmachen, um die*

Empfindung für das Heilige zu erneuern«, frohlockte 1989 die Greenpeace-Aktivistin Monika Griefahn (»Wir kämpfen für eine Welt, in der wir leben können«), die 1991, in ihrer neuen Funktion als niedersächsische Umweltministerin, dem Apokalyptiker Herbert Gruhl das Bundesverdienstkreuz verlieh; unter Kollegen hilft man sich ja, wo man kann. *»Deshalb war es auch keineswegs überraschend, daß sich uns zahlreiche Naturmystiker, Schamanen, indianische Revolutionäre, buddhistische Mönche und ein abtrünniger Brahmane aus Indien anschlossen ... Ein weißhaariger Mystiker, der in einer alten Holzhütte im Osten von Vancouver lebte, tauchte aus seiner Zurückgezogenheit auf und schenkte uns fünf Morgen Land zum Versteigern, um etwas Geld zu beschaffen. Er versprach uns, auch das Wetter zu beeinflussen, damit wir nicht behindert werden konnten.«*

Die Ministrabilität von Personen, welche Völkerwanderungen zugunsten der Erneuerung der Empfindung für das Heilige aus dem Nicaragua-Kaffeesatz lesen und beiläufig die Rettung der Welt durch weiße Magie propagieren, stimmt immerhin bedenklich. Aber auch gewissenhaftere Autoren sind nicht durchgehend frei von animistischen Zwangsvorstellungen: *»Die Zunahme der Krebserkrankungen ist ein mehr als deutliches Zeichen, daß die Verpestung der Umwelt nicht folgenlos bleibt. Die Natur wehrt sich und schlägt zurück«*, teilten uns Egmont R. Koch und Fritz Vahrenholt schon 1978 in ihrem Buch »Seveso ist überall« mit. Doch die Natur wehrte sich nicht geschickt genug. *»Ein Land, das Deutschland heißt, ein Staat, der Bundesrepublik Deutschland heißt, eine Heimat, ein Zuhause, ein Stück Erde erstickt«*, diagnostizierte der Apokalyptiker Bernd Dost 1985 in seinem

Bulletin »Ein Land erstickt«, und sei es Legoland: *»Das industrielle Dauerfeuer aus nutzlosen Sachen, sinnlosen Verrichtungen, hat uns zwar nach außen hin reicher gemacht, uns in Wahrheit aber unsere Seele abgekauft. Nicht der Wohlstand ist in Gefahr, sondern der Wohlstand ist die Gefahr.«*

Wer sich nicht bußfertig in calvinistischer Konsumaskese übt, muß seit 1988 schon darauf gefaßt sein, beispielsweise von Ken A. Gourlay (»Mord am Meer«) als Devil's Angel gebrandmarkt zu werden: *»Im Grunde handelt es sich um eine Kraftprobe zwischen Lebensschützern und Todesengeln, zwischen jenen, die sich um die Zukunft des Planeten sorgen, und jenen, die arrogant genug sind zu denken, nicht nur die Meere, sondern die Erde in ihrer Gesamtheit sei nur dazu da, um von ihnen ausgebeutet zu werden.«* Das primitivste Beispiel steuerten allerdings die Freizeitförster Reinhard Behrend und Werner Paczian (»Raubmord am Regenwald«) bei, indem sie einen vom Artentod bedrohten Tropenbaum zu Wort kommen und ungestüm darauf dringen ließen, umarmt zu werden: *»Am besten, Sie kommen ganz dicht an meinen Stamm heran und umarmen mich ... Ich verlebte eine glückliche Kindheit und Jugend ... Hilfe! Die Menschen sind da. Diesmal mit vielen Werkzeugen und vielen Arbeitern ... Warum gehen Sie? Bitte, ich flehe Sie an, bleiben Sie, halten sie mich umklammert!«*

Was dann noch fehlte, waren allenfalls die *»Anstrengungen zur Verbreitung eines neuen Wasserbewußtseins«*, die Marion Kern in ihrer Fibel »Wasser in Not« zu unternehmen versuchte – und natürlich die rhetorische Frage der Autoren des Aufrufs »Rettet den Boden«, Peter Mayer und Michael Seufert: *»Bruder Regenwurm – ein Tier wie du und ich?«*

Gewurmt hat diese Mißachtung der Tierwelt schon seit jeher den Verfasser der Streitschrift »Der tödliche Fortschritt«, Eugen Drewermann. *»Vor der Suche nach den Bohnenmäusen wenden sich die Indianer in einem Gebet an die Maus: ›Du, die du heilig bist, habe Mitleid mit mir‹«,* zitiert Drewermann den letzten Mohikaner. Einstweilen stehen der Heiligsprechung von Bohnenmäusen allerdings noch die *»Männlichkeitssucht der Männer«* (Drewermann) und die *»Schönheitssucht der Frauen«* (Drewermann) entgegen.

Dieser Meinung ist auch der Religionsstifter Hubertus Mynarek, der in Bad Kreuznach um *»ein ökologisch-holistisches Verständnis der kosmischen Gesamtwirklichkeit«* ringt, *»die Freßsucht der Megatechnik«* und *»das fundamental Böse«* geißelt und in einem fort nichts Geringeres als *»die Grandiosität und gewaltige Amplitude des kosmischen Entwicklungsgeschehens«* besingt. Um in letzter Minute die Katastrophe abzuwenden, welcher wir *»in der Gefolgschaft der instrumentellen Vernunft und der technokratischen Megamaschine in rasendem Tempo entgegeneilen«,* verkündet Mynarek *»eine neue, der so noch nie dagewesenen fundamentalen Weltkrise gerechtwerdende und sie zu überwinden trachtende Globalreligion«,* worauf wir ja gerade noch gewartet haben.

Und niemand soll Götter haben neben Hubertus Mynarek: *»Ökologische Religion ist Universalreligion ... Ökologische Religion bedeutet einerseits das Ende, andererseits die Vollendung aller Religionen«;* kurzum: *»Sie ist die* religio perennis, *die Ewige Religion«,* der Stein der Weisen in den Händen eines Zupfgeigenhansls mit Blockwartmentalität: *»Fast omnipotent durchdringt die moderne Technik auch die Welt der Kinder und Jugendlichen, ihre*

Spielzeug- und Spielwelt. Wer von ihnen entgeht schon dem Rausch des Fernsehens, der Motorräder und Autos, der Musik mit ihren harten, mechanisch-dynamischen Rhythmen, die oft nur als Musik-Lärm bezeichnet werden kann und durch die ermöglichenden Techniken der Aufnahme, Verstärkung, Übermittlung und Vervielfältigung ihr ›technisches Gesicht‹ offenlegt?« Und wie jeder Religionsstifter verteilt auch Mynarek strenge Noten in Sexualkunde: »*Gerade die geistige Transzendenzkomponente der Natur und deren erkenntnismäßig-bejahende Realisierung durch den öko-religiösen Menschen verleihen allem, was er tut, die tiefere Bedeutungsdimension. Auch beispielsweise seiner Sexualität, die ohne diese Komponente zur rohen, groben Aktivität, zu geistloser Gymnastik herabsinkt.*« An jenem Tag im blauen Mond September, still unter einem jungen Pflaumenbaum, da hielt Hubertus sie, die tiefere Bedeutungsdimension, verliehen von der geistigen Transzendenzkomponente der Natur und deren erkenntnismäßig-bejahender Realisierung durch den öko-religiösen Menschen...

»*Wenn das Denken die herrschenden Vorschriften nicht bloß noch einmal sanktioniert, so muß es noch selbstgewisser, universaler, autoritativer auftreten, als wenn es bloß rechtfertigt, was schon gilt*« (Horkheimer/Adorno). Spätestens dort, wo sie regelmäßig in hektisch umrissene Globalstrategien zur Rettung der irregehenden Menschheit münden, wird die Nichtigkeit der aufgeführten Katastrophentheorien evident. Wer auf das Verständnis der kosmischen Gesamtwirklichkeit abhebt und doch noch nicht einmal versteht, wie es angehen kann, daß in der Wohnung nebenan das Geschlechtsleben einen von den Vorgaben Wilhelmine Lübkes abweichenden Verlauf nimmt, wer den kompliziertesten Problemen der Energiewirtschaft und der internationalen Sicherheitsdiplomatie mit schamanistischen Ritualen und der Weisheit des Brahmanen zu Leibe rücken möchte, und wer mit jedem zweiten Wort den Stolz auf seine geistige Herkunft aus einem Milieu zu erkennen gibt, in welchem der Rausch des Fernsehens als katerverdächtig gilt, macht sich lächerlich, aber auch verdächtig. *»Mit der Zivilisation tritt das Klimakterium ein«*, heißt es bei Oswald Spengler. *»Die uralten Wurzeln des Daseins sind verdorrt in den Steinmassen der Städte. Der freie Geist – ein verhängnisvolles Wort! – erscheint wie eine Flamme, die prachtvoll aufsteigt und jäh in der Luft verlodert.«* Mit ihrer leichtfertigen Zivilisationskrebsdiagnose setzen die Apokalyptiker der Gegenwart eine bedenkliche deutsche Tradition fort. *»Hier, im deutschen Sprachgebrauch, bedeutet ›Zivilisation‹ wohl etwas ganz Nützliches, aber doch nur einen Wert zweiten Ranges, nämlich etwas, das nur die Außenseite des Menschen, nur die Oberfläche des menschlichen Daseins umfaßt. Und das Wort, durch das man im Deutschen sich selbst interpretiert, durch das man den Stolz auf das eigene Wesen in erster Linie zum Ausdruck bringt, heißt ›Kultur‹«* – Norbert Elias, 1939.

*Die verzauberten Wunden
des Dichters*

Daß der Lyriker und Literaturpreisesammler Reiner Kunze ein Dichter von Weltrang ist, wissen wir. Ja, seine Kunst ist *»von kristalliner Festigkeit«* (Wolfram Schütte), allen Ernstes *»dicht verrätselt und vielsagend wie jener schlafende Nachtfalter am Hosenbein«* (Hans Egon Holthusen), und seine Werke muß man *»langsam lesen, langsam einatmen«* (Heinrich Böll). *»Kunze schreibt und empfindet unendlich diktaturfern. Bach und Bibel nimmt er ernst«* (Joachim Kaiser).

Aber niemand ahnte, daß es auch schon der junge Reiner Kunze faustdick hinter den Ohren hatte. Bereits im Knabenalter erwies sich der angehende Dichter als derber, diktaturferner Schelm und Spiegelfechter wider den tierischen Ernst. Einige seiner spritzigsten und windschnittigsten Verse hatte Kunze damals schon in Worten und Gedanken vorweggenommen. Das beweist ein Tag aus dem Leben des jungen Kunze, protokolliert unter Zuhilfenahme echter Kunze-Zitate und modernster Technologie (Zeitmaschine, Röntgenblick, Gedankenlesen).

*

16. August 1946. Reiner Kunze ist etwas schlecht von seiner Geburtstagstorte. Stille, gärendes Gähnen. Kunze überlegt, was er machen soll, z.B. *»das unüberbrückbare / überbrücken mit / jedem*

schritt«, aber dazu ist ihm doch zu übel. »*Lieber die wünschelruten der wurzeln / wieder und wieder verzweigen«*, grübelt er heiter weiter, aber die Wünschelruten der Wurzeln hat er in der Schublade zwischen Ratzefummeln, Popel und Papier verkramt. Ein Taubstummer kommt ins Zimmer. Kunze: »*Gern setz ich mich zum taubstummen, mit den lippen / wörter schälen«*, und der Taubstumme rennt weg. Hat Angst gekriegt. »*Das fenster deines zimmers soll wimpern haben«*, ruft der Wörterschäler Kunze ihm hinterher.

»*Um der eigenen mitte willen / sich zur Seite schweigen«*, das wäre eine fesche Sache, denkt er, aber Schlagseite hat er sowieso schon. Ein Vöglein setzt sich auf die Fensterbank und wird von Kunze zu Brei gehauen. »*Den rahmen säubern / von der möglichkeit des gitters, den wirbel / von der möglichkeit des galgens, den sims / von der möglichkeit des letzten schritts«* müßte er nun, aber auf einmal fällt ihm ein, was er wirklich will: »*Sich zurückhalten / an der erde // Keinen schatten werfen / auf andere // Im schatten der anderen / leuchten«*, aber das geht natürlich nicht. Kunze muß schmunzeln.

Dann saugt er sich grinsend allerlei »*Gedichte, die mein Mädchen schwieg«* aus den Tintenfingern. Nun jedoch kommt Kunzes Mutter herein und schimpft. Kein Wunder. Reiners Spielsachen liegen kunterbunt verstreut im ganzen Haus verteilt. Der »*bügel der lippe«* schwimmt in der »*rose meines blutes«*, der »*halbmond der schauer«* ist im »*kupferlaub der dächer«* aufgegangen, und beim »*spaziergang des kennenlernens«* hat Reiner den »*klatschmohn der hahnenkämme«* verlorengebracht, »*wo das steinerne gesetz der ufer / die milde des grases walten läßt.«*

Diese Schweinerei läßt Mutter Kunze sich nicht bieten. Reiner soll aufräumen. Aber er feixt nur verschmitzt und irritiert seine Mutter mit koketten Widerworten. *»Dein mund ist ein vogel / zwischen zwei flügelschlägen«*, albert er und fügt hinzu: *»Deine brüste sind falben.«*

Patsch, da hat er eine hängen, kriegt Stubenarrest und muß sich ins Bett legen. *»Das Bett ist ein weißer teller. / Dein leib ist ein apfel«*, brummelt der verstockte Knabe. *»Orangenmilch ist der himmel...«*

Die Mutter versperrt die Tür und entfernt sich kopfschüttelnd. *»Mein mittagsschlaf ist dünnes kupferblech«*, sinniert Reiner, schlüpft durchs Fenster und nimmt Reißaus.

In der Nähe der Mädchenschule geht er in Pose, fächelt sich mit einem ausgerupften Fliederbusch Frischluft zu und schleckt sich heimlich über die Lippen. *»Ei, was wird das mädchen / zum flieder wohl sagen, / den er durch die stadt / hat so hastig getragen?«* fragt sich Kunze, kichert närrisch und ruft sinnlos aus: *»Die amsel lächelt nur in meine wunden.«* Da aber kommt der Tod. Kunze nimmt ihn in den Schwitzkasten und schweigt ihm ein Wort ab, und *»das wort, abgeschwiegen / dem tod«*, kollert in den Rinnstein. Wo Kunze ist, ist immer was los.

Er schneidet eine Grimasse und läuft vor ein parkendes Auto. *»An der windschutzscheibe flügel / winziger erschlagener engel«*, murmelt er und schlurft zu seinem Freund Hotze, dem er sofort ein neues Gedicht vorträgt: *»Das nichts blickt nicht / / Wir sind nichterblickte / / Und nicht angeblickte, blicken wir nicht / einander an«*, aber das blickt der Hotze nicht. Er verlangt eine Erklärung.

Kunze, nicht faul: *»Das gedicht als äußerster*

punkt möglichen entgegengehens des dichters, als der punkt, in dem auf seiner seite die innere entfernung auf ein nichts zusammenschrumpft. Das gedicht als bemühung, die erde um die winzigkeit dieser annäherung bewohnbarer zu machen.«

Hotze glaubt, daß Kunze ihn hoppnehmen will, und schon liegen Hotze und Kunze hauend und raufend miteinander im Handgemenge. Kunze unterliegt und trägt eine Schürfwunde am Knie davon. Er schleicht sich. *»Auch die wunder im märchen / sind verzauberte wunden des dichters«*, murmelt er in seinen Milchbart, während ein Schwarm Motorradfahrer vorüberbrummt. Kunze schüttelt die Fäuste und ruft: *»Hornissen, die ihr seid / in meinem ohr, ich möchte euch / hinausschütteln / / Auch durch euch ertaube ich / an dieser zeit«*, denn er hätte selbst gern ein Motorrad, bekommt aber keins. Ein Holzroller muß genügen, finden seine Eltern. Reiner findet das gemein, ja, er betrachtet es als *»Verlust an Bewohnbarkeit dieser Erde«* und weint ein wenig. *»Schwieriger wird's von tag zu tag, gott / durch den regen zu bringen«*, jammert er. *»Der mensch / ist dem menschen / ein ellenbogen...«*

Zuhause bekommt er ein paar hinter die Löffel und erst viele Jahre später als Entschädigung den Büchnerpreis.

So funktioniert Literaturgeschichte. Kopf hoch, Reiner!

Oversexed George Tabori!

Aus Ihren scharf unterhalb der Gürtellinie angestellten »*Betrachtungen über das Feigenblatt*« geht hervor, daß Sie als dichtender »*Don im Himmel*« vor Leidenschaft und Mannessaft schier überzulaufen drohen: »*Sie rückte näher. Sie trug weiß und nichts darunter. / Sie roch nach frischen Austern*«, stoßseufzen Sie in freien Rhythmen, immer lustig und vergnügt, denn die reifen »*Brüste sind wie Pampelmusen mit einer / Kirsche drauf*«, Licht aus, Licht aus, »*zwanzigtausend Damen haben / gequietscht, geschnaubt, gestöhnt, / gegrunzt, gejapst, sogar geschrien usw.*«, gleich kommt's, »*und als das Leiden der Freude gewichen war, / seufzte sie sich in ein Lächeln hinein. / Durchtränkt von all den gesegneten Säften / ihres Körpers, vor allem von Blut*« – den Sprachraum, in dem eine schnaufende Bettwurst wie Sie als Hochkulturträger Karriere gemacht hat, würde ich gerne verlassen. Wissen Sie, wo ich hier austreten kann?

Die Welt stand still

»*Als er kam mit dem grauen Transport, da verstand ich von ihm noch kein Wort, von Raskolnikoff. Er sprach mich wie die Jungs hier nicht an, und ich weiß gar nicht, wie es begann – mit Raskolnikoff*«, sang Petra Pascal, als alle Welt Willy wählte, Günter Netzer aus der Tiefe des Raumes gekommen war und Obersekundanerinnen mit Trompetenhosen sich zwischen Sonnenblumenpostern und orangelackierten Plattenschränken auf dem Flokati wälzten. Man war sich gut, begrüßte die Entspannungspolitik und lauschte versonnen, wenn die russophile Sängerin mit der glutvollen Altstimme in ihren Schlagern das Trennende überwand.

Die meisten handelten davon, daß ein Mädchen aus dem Westen sich in einen Jungen aus dem Osten oder auch ein Mädchen aus dem Osten sich in einen Jungen aus dem Westen verliebte: »*Sie kam aus dem Osten, er kam aus dem Westen. Sie sah'n sich nur an, und die Welt stand still.*« Hier trafen sich Politisches und Privates und gaben einen guten Klang. Wärme, Schmelz und Timbre ihrer Stimme verschafften Petra Pascal in den Herzen ihrer Fans einen Platz ganz in der Nähe Alexandras. Petra Pascals eigener Kunst und Herzensbildung verdankt sich dem Umstand, daß auch die ulkigeren Strophen kaum peinlich wirkten: »*Auf der Bank schien der Mond auf weißes Papier, da machten wir – Deutschunterricht, und er sagte mir oft, so gern wär er hier, doch ich sah das Heimweh in seinem Gesicht…*«

Der Sängerin lachte zunächst das Glück, und selbst die Sache mit Raskolnikoff, der wir einen der putzigsten Reime der deutschen Schlagergeschichte verdanken, schien gut ausgehen zu wollen: »*Mami sagte, es wär nichts dabei, denn sie hätte ja Platz auch für drei – mit Raskolnikoff. Und ich rannte zur Bank hin zum Fluß, denn von Mutter das sagen, das muß – ich Raskolnikoff.*« Doch in der letzten Strophe, einen Halbton höher, war die Bank verwaist und Raskolnikoff gereist. »*Er schrieb mir auf kariertem Papier: Es war Heimweh. Verzeih bitte mir. Dein Raskolnikoff.*«

Das warf Petra Pascal nicht um. »*Denn wahre Liebe kennt keine Grenzen, wenn auch Millionen sich nicht verstehn*«, sang sie und ließ ihre Liebe ostwärts und westwärts fließen: »*Ich muß Pierre, wenn er kommt, gleich das mit dem Schuppen sagen, denn da regnet es seit Tagen schon rein. Draußen im Wald wird's nun kalt. Könnte er nicht hier bei mir schon sein? Ha da di, hm hm hm, hadi dada haha hm, hadida dadudei – o Pierre...*«

Doch es kamen andere Zeiten, der Genosse Trend machte kehrt, und rauhere Winde fegten alle Notenständer um. Auf einmal befürwortete man upfronteren Schrott und merkte, daß Petra Pascal alles andere war als die große weiße Ragga-Rap-Crossover-Hoffnung. Die späte, resignierte Petra Pascal verwandelte die Bitterstoffe ihres Kummers in Musik – und sang. »*Was du mir erzählt hast von Liebe und Treu, das war Lüge, alles Lüge. Du sagtest, dein Herz bricht vor Sehnsucht entzwei, das war Lüge, nitschewo!*« Als letzter Gesellschafter saß Petra Pascal das Nichts gegenüber; eine existentielle Grenzsituation, auf die sie mit einer ihrer trotzigsten, aber auch heikelsten Strophen reagierte: »*In Rußland gibt es Mädchen, soviel wie Sand* am Meer, und stirbt mal eins aus Liebe, dann nimmt es das nicht schwer. Es fliegt auf eine Wolke und schaut zur Erde dann – und fängt zur Balalaika ein kleines Liedchen an...«

Das ist vorbei. Petra Pascal singt nicht mehr. Von der Welt vergessen, heißt es, lebt sie jetzt als Rundfunkmoderatorin im Odenwald. Auf meinen Lesungen bemühe ich mich, Petra Pascals Musik, deren Kenntnis ich allein dem Zufall verdanke, daß im Plattenschrank meiner Eltern zwei Petra-Pascal-Singles herumrollten, der Welt wieder in Erinnerung zu rufen. Nur ein einziges Mal, in Neu-Ulm, gab sich eine Dame zu erkennen, der Petra Pascal ein Begriff war.

Zu einem Comeback wird sich Petra Pascal wohl nicht bewegen lassen: »*Fällt das Glas aus meiner Hand, hey, dann gibt's halt ein paar Scherben, seht, genauso möcht ich sterben, wie das Glas in meiner Hand*«, hat sie erklärt. »*Man muß kommen und muß gehen. Ich will keine Tränen sehen, fällt das Glas mir aus der Hand.*« Petra Pascal ist gekommen und gegangen, und sie hatte schon geahnt, was nach ihr kommen sollte: »*Eine and're wird dann singen, für euch tanzen, Stimmung bringen. Ich bin fort, ich bin tot. Doch der Wein in euern Gläsern, der bleibt rot...*«

Auch ich will keine Tränen sehen, aber gerne will ich noch mehr Platten von Petra Pascal hören. Wer welche hat, muß sie mir schenken. Hallo Wirtschaft!

Eine Art Fahrstuhl-Logik

Eugen Drewermann hat gut lachen, denn solange er den Kirchenfunktionären mit seiner Wischi-Waschi-Theologie zur Last fällt, statt konsequenterweise aus der Kirche auszutreten, kann er seinen Status als Rebell und Medienliebling aufrechterhalten, und seine Bücher werden gekauft: Ketzerei light. Inzwischen lassen sich die Fans alles andrehen, wo Drewermann draufsteht, auch wenn noch so wenig von ihm drin ist. Ein Gespräch, das er mit der Journalistin Felizitas von Schönborn geführt hat, füllt in Flattersatz und Großdruck noch nicht einmal 74 Piper-Taschenbuchseiten, kostet aber 12 Mark 90 und geht weg wie warme Oblaten.

»*Ich habe das Gefühl, daß Sie sehr stark an Ihre rechte Gehirnhälfte angekoppelt sind*«, sagt Felizitas von Schönborn und führt den Begriff »*Ver-entmenschlichung*« ein, während Eugen Drewermann lieber »*mit diesen verunendlichten Ängsten*« operiert. »*Der Begriff der Angst ist bei mir wirklich vielschichtig; er stellt eine Art Fahrstuhl-Logik dar. Ich glaube, die Angst verbindet alle Stockwerke der menschlichen Existenz.*«

Paternoster Drewermann weiß guten Rat. Frage: »*Könnte man sagen, dass der einzelne Mensch eingespannt ist zwischen dem kollektiven Unbewussten und dem kollektiven Über-Ich und durch diese Kräfte hindurch zu einem Menschen werden muss?*« Drewermann: »*Richtig.*« Frage: »*Heisst das, wir müssen in unsere Angst hinuntersteigen und uns in diesem Hinabsteigen vertrauensvoll zu Gott hin-*

wenden?« Drewermann: *»Richtig.«* Die Vorstellung, daß zwischen Paderborn und der christlichen Fummel-Hochburg Taizé die aufgepeitschten Leser in Angst-Fahrstühlen ihre seelischen Stockwerke durchmessen, sich dabei vertrauensvoll Gott zuwenden und krampfhaft versuchen, durch divergierende Kräfte hindurch zu Menschen zu werden, mutet gespenstisch an. *»Und wenn das möglich ist, fängt Gott an zu reden. In lauter zerbrochenen Mündern.«*

Und so wird es weitergehen, bis uns allen der Himmel auf den Kopf fällt. Halleluja!

FrauenLesben!

Nun verfolgt Ihr auch im lieblichen Aachen ein »*Autonomes FrauenLesben Projekt*« und schockiert die Einwohner, die bislang nur Aachener Printen und Pflümli kannten, mit dem Themenabend »*Die Klitoris aus feministischer Sicht*« – ja, sieht die denn, feministisch betrachtet, ganz anders aus? Klitoris mit Überbiß? Oder mit Dutt und Strapsen? Und habt Ihr zur Demonstration auch die schönste ausgesucht? Sozusagen die Naomi Campbell unter den Klitorissen?

Schön war die Zeit, als Ihr Euch noch mit der guten alten Nabelschau zufrieden gegeben habt.

Wenn Planeten weinen

Attribute, die in übleren Zeiten Lebensgefahr signalisierten, lassen sich unsere Hexen, Querköpfe, Ketzer und TV-Quengler nur zu gerne an die weiße Weste heften. Und weil es so schön ist, sich einzubilden, man bzw. frau stehe wacker auf Giordano Brunos und Jeanne d'Arcs verkohlten Schultern und könne den Blick weit hinaus über den Tellerrand der Märtyrergeschichte schweifen lassen, hat der Verlag Elefanten-Press die Buchreihe »Querköpfe« erfunden und von Hans-Dieter Schütt sofort die lt. Buchrücken als Hexe klassifizierte Betriebsnudel Uta Ranke-Heinemann porträtieren lassen.

Frau Ranke-Heinemann verdankt ihr hexisch querköpfisches Renommé erstens ihrem Namen und zweitens dem Umstand, daß sie mit dem Aberglauben an die Pfannkuchenbeschaffenheit der Erde und die jungfräuliche Empfängnis gebrochen hat; vulgo: daß sie in der Lage ist, 2 + 2 korrekt zu addieren. Diese sensationelle Begabung rechnet ihr die kritische Öffentlichkeit hoch an. »*Kritisch katholisch*«, »*unglaublich ungläubig*« und »*ketzerisch komisch*« sei Uta Ranke-Heinemann, heißt es auf dem Buchrücken, und Hans-Dieter Schütt präzisiert: »*Eine Frau von bohrender Vitalität.*« Das Bohrende und Beißende macht sich in ihren Äußerungen brisant bemerkbar: »*Was wir brauchen, ist ein Mut zur Menschlichkeit, der alle Menschen einschließt.*« Besser ist das. »*Wollen wir menschlich miteinander leben, müssen wir uns immer wieder an den Anfang zu Besserem wagen.*« Schwer zu singen und zu sagen, wo genau hier das radikal Querköpfische ins vollends Quatschköpfische umschlägt; für Hans-Dieter Schütt steht jedenfalls fest, daß Uta Ranke-Heinemann eine »*beißende Spötterin*« sei, eine »*verkappte, verkannte Kabarettistin*«, ja, eine »*sokratische Sucherin zwischen den Religionen*«, die mit »*satirischem Sinn*«, mit ihrem hellen »*Jungmädchenlachen*«, aber auch »*mit existentieller Ehrlichkeit und überzeugender Subjektivität*« für das Gute kämpfe, und zwar »*kräftig, spitz*«, »*agil*«, »*provozierend*«, »*leidenschaftlich*« und »*mitreißend*«; woraus erhellt: »*Wenn Frau Professor lacht, wird die Küche noch heller.*«

Das ist schön. »*Ich bin sozusagen meine eigene Päpstin*«, freut sich die leuchtend lachende Frau Professor. Aber Uta Ranke-Heinemann kann sich auch moosfeucht besinnlich geben. Dann sieht sie Pferde kotzen, hört das Gras wachsen und Planeten weinen: »*Und das von Menschen geschaffene Sterben der Kreatur, die toten Tiere und die toten Pflanzen, sie sind nicht nur die stumme Folge menschlichen Verbrechens, sie sind das laute Weinen der Erde über ihr Elend.*« Tränen lügen doch.

Darüber hinaus ist dem Buch zu entnehmen, wie goldig Uta Ranke-Heinemanns Söhne seien *(»ganz goldige Menschen!«)* und wo sie ihren ersten Kuß erhielt *(»Auf einer Parkbank am Moltkeplatz in Essen-Süd«)*. Die schmerzhaft krachende Vulgarität solcher Mitteilungen hat den Verlag nicht davon abgehalten, bei Wolfgang Sabath gleich noch einen Band nachzubestellen. Sabath stellt Gregor Gysi als Querkopf vor, beschreibt ihn aber auch als »*Bilderbuchvater*« und als »*sinnenfrohe Leitfigur, die auch von Frauen gemocht wird*«, hört hört. In der Rubrik »*Gysi von A bis Z*« stechen besonders töricht die Eintragungen unter Q *(»Q: Querkopf, s.*

Gysi«) und N *(»N: Nizza. Dort verbrachten Monika K. und G. 1993 14 Urlaubstage«)* hervor.

Schon stehen neue Querköpfe Schlange, um in der schlurigen Buchreihe porträtiert zu werden. Wir merken uns: Ist er hohl und strotzend leer, legt der Kopf sich gerne quer.

Hans Werner Henze!

Daß Sie an dem römischen Kongreß »*Ingeborg Bachmann nella cultura del postmoderno*« – was es alles gibt! – nicht teilnehmen mochten, verstehe ich gut. Verständnislos stehe ich allerdings der Begründung Ihrer Absage gegenüber: »*Ich kann nicht über Ingeborg sprechen, ich bin Ingeborg.*«

Was geht hier vor? Geschlechtsumwandlung? Seelenwanderung? Irrungen, Wirrungen? Ach, Hans Werner Henze, quatschen Sie bloß keine Opern. Vorhang!

Der barmherzige Samariter

Eine frohe Botschaft für alle Freunde des Bausoldaten, Pfarrers und Verteidigungsministers a.D. Rainer Eppelmann: Nach seinem heiteren Brevier »Wendewege«, einer Mischung aus Tagebuch, Poesiealbum und Liebesbrief, hat er noch einmal und noch viel ausführlicher die Bekenntnisse seiner schönen Seele niedergelegt. Sie tragen den Titel »Fremd im eigenen Haus« und beantworten manche bange Frage. Wird bei Familie Eppelmann eigentlich regelmäßig das Tischgebet gesprochen? Ist Bescheidenheit besser als Unbescheidenheit? Und: Empfindet Rainer Eppelmann auch vielen Dank für Speis und Trank?

»In unserer Familie etwa wird vor Tisch gebetet«, gibt er offenherzig zu. *»Wir beginnen aber gemeinsam zu essen, geben uns vorher die Hände und wünschen uns guten Appetit. Und wir sind dankbar, daß wir reichlich zu essen und zu trinken haben – das ist ja nicht selbstverständlich.«* Lieb Vaterland, magst ruhig sein. *»Wir lebten bescheiden, die gemeinsame Zeit für uns und unsere erste Tochter, Ulrike, war uns wichtiger als Geld.«* Bescheidenheit ist Rainers Zier. *»Wir sind nur Menschen. Deshalb mahne ich zur Bescheidenheit. Die Geschichte vom barmherzigen Samariter finden wir nicht deshalb in der Bibel, weil sie dem Alltag entspräche, sondern weil es schön wäre, wenn wir wenigstens ab und zu so sein könnten wie der Mann aus Samaria.«* Oder so wie Rainer, der Eppelmann aus Vollmilchmarmelade.

In seinem Leben hat alles seinen guten Sinn: »*Ich habe immer wieder erfahren, daß in meinem Leben alles seinen Sinn hat.*« Welcher das sein soll, verrät Rainer Eppelmann nicht; er beschränkt sich darauf, »*zu erinnern und zu danken. Wir würden manches an Zufriedenheit und Zuversicht zurückgewinnen.*« Der Sieger nimmt alles. Er heißt Rainer. Noch bescheidener ist keiner. Amen.

In 80 Seiten um die Welt

Wer sich mit Peter Sloterdijk auf dessen welthistorische Tour d'horizon »*Im selben Boot. Versuch über die Hyperpolitik*« begibt, begegnet u.a. Bismarck, Plato, Luhmann, Aristoteles, Glenn Gould, Napoleon, Bill Clinton, Scheherazade, Hegel, Heidegger, Lévi-Strauss, Heraklit, Alexander von Mazedonien, Goethe, Gorbatschow, Sokrates, Stefan George, Marc Aurel, Freud, Seneca, Willy Brandt, Diogenes, Gandhi, Dante, Stalin, Hitler, Nietzsche und natürlich Peter Sloterdijk. Auf 80 Seiten bemüht er sich, »*die Stadien der Paläopolitik, der klassischen Politik und der Hyperpolitik mit äußerst groben Strichen anzudeuten*« und dabei den »*Roman einer sehr alten, sehr weisen, sehr verirrten Gattung*« zu skizzieren.

Im Tonfall eines pfauenhaft stolzen, über Quellenangaben erhabenen Seher-Künders breitet er zunächst seine »*Einsichten in eine hunderttausendjährige Verfassung der Menschheit*« aus. Wenn's weiter nichts ist! Kraft seiner Einsichten ist Sloterdijk intim vertraut mit der Beschaffenheit des archaischen Hordenlebens: »*Die älteste Gesellschaft ist eine kleine plappernde Zauberkugel – ein unsichtbares Zirkuszelt, das über seiner Truppe ausgespannt ist und mit ihr wandert.*« Das sind die Informationen, die der Wahrsager Sloterdijk seiner eigenen plappernden Zauberkugel entlockt, in der sich die Vorgeschichte der Menschheit so säuberlich offenbart, daß man sich drin spiegeln kann. »*Man stellt sich die alten Horden am besten als eine*

Art von schwimmenden Inseln vor, die auf den Flüssen der alten Natur spontan langsam dahintreiben – nach außen hin gegen die Umwelt abgesetzt durch die revolutionäre Evolution von Distanz-Techniken, vor allem durch neuartige Synchronie von Flucht und Gegenangriff, nach innen hin von einem emotionalen Treibhauseffekt erfaßt«, was nicht unbedingt einleuchtend, aber recht reizvoll klingt.

Sein Xylophon der Begriffe bedient Sloterdijk virtuos. Da gibt es eine »*Rationalitätspyramide*« zu bestaunen, aber auch »*Schöße und Flöße*«, »*megaloathletische Konditionierungen*«, »*die intime Fremdheit von Herr und Knecht*« und die »*Grammatik des Zusammengehörens*«, welcher eventuell noch ein Duden der Distanz-Techniken und ein Baedeker für die Reise zu den Rationalitätspyramiden zur Seite zu stellen wären. Subtrahiert man aber den soziologenpoetischen Sprachschaum, bleibt nicht viel übrig: »*In gewisser Hinsicht ist ›Gesellschaft‹ nur ein psychophysischer ›Mantel‹ um die Sphäre, in der Mütter und Kinder das Mysterium der menschlichen Beseelung wiederholen.*« Mit anderen Worten: »*Naturgemäß stammt jedes Kind von einer Mutter, aber nicht jede Mutter heißt Athen.*« Das kann man wohl sagen.

Nach der Vorgeschichte überfliegt Sloterdijk Antike, Mittelalter, Neuzeit und Postmoderne. »*Im frühen Reichsdenken der Ägypter, Babylonier, Perser wie auch in der griechischen Polis-Philosophie wird eine neue Seelenform erarbeitet, die man als Staats-Athletik bezeichnen könnte.*« Gegenwärtig, heißt es, seien die Staats-Athleten den Anforderungen dessen noch nicht gewachsen, was Sloterdijk als globale Hyperpolitik bezeichnet. Er fordert, von wem auch immer, eine »*Denkpause für Grundla-*

genfragen« und prognostiziert *»Dämmerzustände einer weltweiten Bewußtwerdung über anthropologische Insuffizienzen«*, was sich dann irgendwie positiv auf die zitierte Grammatik des Zusammengehörens der in ein und dasselbe Boot gezwängten Menschheit auswirken werde. Damit er nicht mehr sagen muß: *»Politik erscheint wie das Äquivalent zu einem chronischen Beinahe-Massen-Auffahrunfall auf einer nebeltrüben Autobahn. Von einer Lust am Zusammengehören kann in einer solchen Lage nicht die Rede sein.«*

An der zähen Debatte über Politikverdrossenheit haben sich schon viele, mehr oder weniger pfäffisch argumentierende Figuren des öffentlichen Lebens beteiligt. Peter Sloterdijk hat den dabei entstandenen Sprachbrei nun mit seiner eigenen, perlweiß schimmernden Glasur überzogen. Wirklich obszön wird es allerdings, wenn Sloterdijk dabei auch noch die entsetzlichsten Verbrechen appetitlich unterzurühren versucht. Daß im Bürgerkrieg *»serbische Soldaten bosnischen Schwangeren den Leib aufschlitzten und die Föten an Bäume nagelten«*, zeigt Sloterdijk zufolge *»die delirante Pointe der Tendenz, sich ins völkische Eigene, das 'Unsere', wie in eine plötzlich lebenswichtige, haltgebende Innenform einzuschmelzen.«* In seinem manirierten Kathederwelsch gipfelt die Rede vom Grauenhaftesten in der rhetorischen Frage: *»Ist nicht der Fötus am Nagel die Selbstdarstellung einer Nation in Abtreibungspanik?«*

Wer möchte, kann mit Peter Sloterdijk bei einem trockenen Chablis ja darüber nachdenken und alle deliranten Pointen dieser Frage abschmecken. Zum Wohle.

Volkes Stimmgabel

Unkaputtbar, nicht zu bremsen, kaum noch auf- und auszuhalten ist die brandenburgische Ministerin Regine Hildebrandt. »*In einer Försterei, mitten im Wald*« möchte sie am liebsten wohnen, ihre Hobbys sind Singen, Hausmusik, Fotografieren und Wandern, Äpfel sind ihr Leibgericht, und sie glaubt an Wunder. Regine Hildebrandt ist eine Hausfrau aus dem Volk; jedenfalls gibt sie sich wie Volkes Stimmgabel. Vom westlichen Klischee einer delikat kostümierten Politikerin mit Schirmherrschaft, Charme und raffiniertem Schmuckdesign hebt sie sich schroff ab, und wenn sie auftritt, erweckt sie den Anschein, als habe sie gerade erst das Treppenhaus gewischt, sich mit der Nachbarin gezankt und einen Zentner Kartoffeln geschält. So ist sie nun mal – sympathisch, natürlich, ungeschminkt, redselig, kregel, kämpferisch, renitent, verbissen, aufsässig, aufdringlich, aufrührerisch und niederschmetternd.

Ihre Popularität verdankt sie dem Anschein, daß sie eine sei, die endlich einmal sagt, wie es ist, weil sie es mit der Energie und dem durchdringenden Organ einer Krawallschachtel ausdrückt, die vom Reihenhausbalkon auf die Nachbarschaft einschreit.

Nachdem er ein Buch über Reinhold Messner geschrieben hatte, widmete sich der Journalist Hans-Dieter Schütt Regine Hildebrandt; auf den kraxelnden Übelmann ließ er »*die kleine tapfere Ministerin*« folgen: »*Seit ich Regine Hildebrandt begegnet bin, weiß ich, daß es das Perpetuum mobile doch gibt. Und das menschliche ist durchaus ein technisches Wunder: Wie nur hält dieser Motor seine hohen Drehzahlen?«*

Im Sturm hat dieser motorisierte Dragoner die Herzen der Arbeitslosen, der Sozialhilfeempfänger und der Vorruheständler erobert, denn wer zu kurz kommt und vom Leben bestraft wird, scheint sich schon getröstet zu fühlen, wenn ein sozialdemokratisches Perpetuum mobile im Hauruckverfahren die Illusion erzeugt, es werde sich kraft Budenzauber und Tamtam schon alles noch einmal einrenken und zum Besten wenden. Schütt berichtet: »*In der Schwermaschinenbau AG Wildau begleite ich sie eines Morgens auf eine Belegschaftsversammlung in Halle 5. ›Helfen tut 'se nich, aber wenigstens Trost gibt 'se irgendwie‹, sagt einer hinter mir.*«
Früher ging, wer nicht ganz bei Trost war, in die Kirche; in Brandenburg hat Regine Hildebrandt deren Funktion übernommen. An den Rockzipfeln der Ministerin mit dem spröden Waschküchen-Appeal hängt das gemeine Volk und weint sich aus. »*Regine Hildebrandt sitzt auf einem Schleudersitz*«, teilt Schütt mit. »*Oder auf dem Pulverfaß. Das bezieht sich auf jedes ihrer Ressorts. Sie versucht zu vermitteln: zwischen marktwirtschaftlichem Erfordernis und dem menschlichen Recht auf soziale Würde. Sie ist eine Mahnerin. Sie lebt im Spagat.*«
Das geht an die Substanz. Der Spagat zwischen Scylla und Schleudersitz, zwischen Pulverfaß und Charybdis, zwischen marktwirtschaftlichem Erfordernis (recte: Rausschmiß) und sozialer Würde (recte: Dach überm Kopf) macht die Stimme heiser und verzerrt die Züge. Ohne Punkt und Komma brummt der Rede rascher Sturzfluß aus dem fusslig geredeten Mundwerk. »*Wenn Regine Hilde-*

brandt spricht, bricht Sprache aus. In doppeltem Sinne. Sie bricht aus wie ein Brunnen, hell. Und ihre Gedanken brechen aus Zwängen aus« (Schütt). Die Annahme, daß mit den Mitteln sozialdemokratischer Rhabarber-Rhetorik Beelzebub und Teufel gleich gemeinsam aus der Welt zu jagen seien, ist konsensfähig, und deshalb hört und liest und bezahlt die Basis ihre Hans-Dieter Schütts und Regine Hildebrandts. Sie verbreiten soziale Kuhstallwärme, Frieden, Freude, Schall und Rauch. Und es ist kinderleicht, bequem und einträglich, auf diesem Niveau mitzuknödeln und wie Schütt zu behaupten, daß Regine Hildebrandt »*den Begriff des Politischen aus seiner traditionellen Verklammerung mit der üblichen Staatstätigkeit löst und seinen eigentlichen, vergessenen Rohstoff wieder ans Licht fördert: den Reichtum der Handlungsenergien, den Schatz der Erfahrungen und Phantasien so vieler Individuen*«, die sich immer freuen, wenn sie endlich, von der Anstrengung des Gedankens befreit, aufatmen und die Ohren auf Durchzug stellen dürfen.

Ja, die Sehnsucht Regine Hildebrandts nach gestaltbarer Zukunft (um hier einmal nach Schema F weiterzuspinnen) erwächst aus der Erfahrung erlittener Geschichte. In tiefem Einklang mit sich selbst bündelt sie die Kräfte, die wir brauchen, um Erlebtes zu bewahren. Soziale Gerechtigkeit, Humanismus und der aufrechte Gang zum Sozialamt sind die Triebfedern, die Transmissionsriemen und Teilstücke ihrer konkreten Utopie, die der Entmündigung zappelnd entgegenwirkt. Als Politikerin steht Regine Hildebrandt in der praktischen Verantwortung; als dreifache Mutter, Kinderferienlagerbetreuerin und Ballettratte (Spezialität: Spagat) wurde sie 1991 vom Deutschen Staatsbürgerinnen-Verband zur »*Frau des Jahres*« gewählt. Ihre christlichen Wurzeln gewährleisten Bodenhaftung und versorgen sie mit vergessenen Rohstoffen, die wie aus einem Brunnen brechen, hell. Wo Gesetz gegen Herz steht, die Halsadern vor Empörung schwellen und im brandenburgischen Sozialministerium Entscheidungen von historischer Tragweite getroffen werden müssen, steht Regine Hildebrandt ihren Mann, und das heißt: ihre Frau. Der »*fatalen Ehrgeiz-Pose, die zur Kolonisation tendiert*« (Hildebrandt), setzt sie feinfühlige Kommunikation und Geblök entgegen. Bereitwillig verrät sie Hans-Dieter Schütt, wie schön es war, als sie mit ihren Kindern Kastanien gesammelt, gebastelt und »*bunte Herbstblätter zu wunderschönen Sträußen präpariert*« hatte, wie sie mit Nichten und Neffen Buttercremetorten buk, und wie sehr sie den Frühling liebe, »*gerade wegen der Blumen, ich bin ja schließlich Biologin. Die Frühblüher, das sind meine liebsten Blumen, also Leberblümchen und die Anemonen. Oder die Winterlinge!*« Volkstümlich und bieder geht es zu bei Frau Hildebrandt zuhause unterm Sofa, und sie wird nicht müde, davon zu erzählen: »*Zu Ostern beispielsweise werden Ostereier gebatikt, mit Wachstechnik, die aus dem Spreewald kommt, wunderschöne Ostereier!*«

Regine Hildebrandts Lebensinhalt bilden wunderschöne Ostereier, die deutsche Einheit, der Schutz der sozialen Würde und jene Wachstechnik, die aus dem Spreewald kommt. Und wenn es hart auf hart geht, bricht mit der Sprache aus dem dumpfen Brunnen auch die helle Freude über »*nationale Gefühle*« der Deutschen aus. 1990 teilte Regine Hildebrandt – grammatisch nicht ganz astrein, denn sie war wohl wieder einmal arg in Eile – der Zeitung *Die Andere* mit: »*Ich hoffe, daß die Identifi-*

zierung mit dem Land – die Sachsen sagen jetzt schon wieder stolz Sachsen und die in Mecklenburg-Vorpommern haben ja auch schon nationale Gefühle entwickelt –, wird sich weiter fortsetzen.«
Diese Hoffnung hat sich immerhin erfüllt.

Ein Gesetz für die Menschheit

»*Hört: was ich euch verkünde: Was ihr da tut ist Sünde*«, verkündete der große Arnold Hau 1962 in seinem »*Gesetz für die Menschheit*«, die sich natürlich überhaupt nicht darum scherte. Arnold Hau verschwand, und erst viele Jahre später trat sein unberufener Nachfolger Thorwald Dethlefsen ins Rampenlicht der Menschheitsbühne und verkündete: »*Die gesamte materielle Welt ist sündig, ist aus der Einheit herausgefallen und sehnt sich zurück.*«
Dethlefsen betreibt in München ein »Privatinstitut für Außerordentliche Psychologie«, wo er über die Grundübel grübelt und dicke Bücher schreibt. Sie heißen »Schicksal als Chance«, »Krankheit als Weg«, »Das Leben nach dem Leben«, »Ödipus der Rätselloser – Der Mensch zwischen Schuld und Erlösung« oder auch einfach »Gut und Böse«. Es handelt sich um Bestseller. Denn Dethlefsen weiß, was kritische Christen zu lesen wünschen: »*Was immer der Mensch tut (und auch Nicht-tun ist eine Entscheidung und wirkt deshalb Unheil!), ist sündig, fehlerhaft, unheil und macht schuldig.*« Wer sich von Dethlefsen beim Leben ertappen läßt, könnte sich die mißgünstigen Zwischenrufe als Einmischung in innere Angelegenheiten verbitten. Aber seine Gemeinde – Sozialpädagoginnen in Wanne-Eickel, Chiropraktiker in Helmstedt, der Bibelarbeitskreis Chemnitz und ein paar Hunderttausend arme Sünder mehr – kauft Dethlefsen alles ab.

Am Anfang schuf er Himmel und Erde. »*Aus-*

gangspunkt ist das Nichtsichtbare«, schrieb er, »*das Numinose, das Göttliche, dem man mit Recht allein Wirklichkeitscharakter zuschreiben darf, da alles Materielle und Formale endlich und vergänglich, damit niemals wirklich ist.*« Einem Guru, der z.B. der Zigarette danach jeden Wirklichkeitscharakter abspricht, würde ich selber nicht einmal einen gebrauchten Rauchring abkaufen.

Dafür würde sich Dethlefsen aber wohl auch nicht hergeben. »*Die Zigarette wird zum Ersatz für echte Kommunikation und für echte Freiheit*«, mault er. Der grimmige Rauchverzehrer beantwortet lieber die letzten Fragen der Menschheit. »*Was wir ein irdisches Leben nennen, entspricht einer Schulklasse mit ihren Aufgaben, Problemen, Schwierigkeiten, Erfolgen und Mißerfolgen. Einem solchen Zeitraum des Lernens folgt eine Zeitspanne der Ferien, in der manchmal mangelhafte oder versäumte Lernprozesse nachgeholt werden müssen. Nach den Ferien eine neue Klasse.*« Potz Curriculum & Notabitur! Erst die Arbeit, dann das Mißvergnügen – so stellt sich Dethlefsen das Leben vor.

»*Der Mensch stellt im allgemeinen sehr eigenartige Anforderungen an das Leben und an das Schicksal. Er benimmt sich so, als hätte er ein Anrecht darauf, daß es ihm gutgehe, er reich, gesund und glücklich sei. Welch groteske Verkennung der Wirklichkeit! Woher leitet der Mensch diesen Anspruch ab? Der Mensch wird nicht in diese Welt inkarniert, um in Faulheit den Schein der Sonne zu genießen*«, denn Genüsse sind des Teufels, wie überhaupt alles seit der Erfindung des Rades und der Reizwäsche. Wer nicht den lieben Gott läßt walten, sondern selber Schicksal spielt und sich im Krankheitsfall verarzten läßt, sündigt. Freund Hein, dem es die genußsüchtigen Menschen immer schwerer machen, sie holen zu kommen, hat sich deswegen nach Dethlefsens Theorie auf Verkehrsunfälle spezialisiert. *»Doch auch diese Möglichkeit wird Schritt für Schritt von ›klugen Köpfen‹ weiter eingeschränkt: durch Sicherheitsautos, Sicherheitsgurte, Geschwindigkeitsbeschränkungen und ähnlichen Unfug mehr.«*

Nicht das Tempolimit, sondern Dethlefsens Gesetz für die Menschheit sorgt für Ruhe und Frieden. *»Lernt der Mensch die erste wichtige Regel, daß alles, was ist, gut ist, weil es ist, so kehrt immer mehr Ruhe und Frieden in ihn ein.«* Auf die Frage, wie jemand, der uns predigt, daß alles gut sei, darauf verfällt, ausgerechnet an Sicherheitsgurten und Geschwindigkeitsbegrenzungen herumzunörgeln, erwidert Dethlefsen nichts.

Er befindet sich bereits in höheren Sphären. *»Alles, was der Mensch in der Welt der Erscheinungsformen vorfindet, und alles, was der Mensch sich vorstellen kann, offenbart sich ihm immer in zwei Polen.«* Etwa in Roman Polanski und Karol Woytila? So ähnlich: *»So gibt es Plus und Minus, Mann und Frau, Elektrisch und Magnetisch, Sauer und Alkalisch, Dur und Moll«*, aber auch Kotbrechen und Kinderlähmung.

Krankheiten und Katastrophen findet Dethlefsen aparter als Sicherheitsgurte. *»So gehen ganze Städte und Landschaften an Erdbeben, Überschwemmungen und Seuchen zugrunde. Auch hier waltet ein gerechtes Schicksal.«* Welt ging verloren, Christ ward geboren – da freut er sich, der esoterische Fundamentalist, der beiläufig auch noch versucht, die christliche Inquisition im nachhinein in ihr Strafrecht zu setzen: *»Der Mensch kann immer nur sich selbst als Mittelpunkt erleben und die Welt auf sich beziehen. Tut er dies nicht, verliert er seinen*

›*Standort‹ und wird seelisch entwurzelt. Hier liegt die tiefere Berechtigung dafür, daß sich die Kirche so lange gegen das heliozentrische Weltbild wehrte.*«

Von Thorwald Dethlefsen möchte ich wirklich nicht regiert werden, weder in dieser noch in jener Welt. Lieber lebe ich in Sünde, gehe zum Minnedienst bei einer Sozialpädagogin in Wanne-Eickel, und was steht auf dem Bücherregal? »Schicksal als Chance«. Ich suche meinen Chiropraktiker in Helmstedt auf, und was liegt auf seinem Schreibtisch? »Krankheit als Weg«. Ich reise zum Bibelarbeitskreis Chemnitz, die Mitfahrzentrale teilt mir einen rauschebärtigen Ex-Maoisten zu, und welche Kassette wirft er unterwegs ein? Thorwald Dethlefsen, »Gedanken zum Ostermysterium«.

Alle wollen die Welt durch Dethlefsens Brille sehen, dabei trägt er gar keine, und er möchte sie auch Ihnen gerne vom Kopf reißen: »*Die Brille ist eine Prothese und damit Betrug. Man gleicht damit eine sinnvolle Korrektur des Schicksals künstlich aus und tut dann so, als ob alles in Ordnung wäre.*«

Weder sauer noch alkalisch, sondern schlicht in Ordnung wäre es, den neidzerfressenen Dethlefsen, bevor er einem Brille, Plombe und Präservativ entwendet, seinem traurigen Schicksal zu überlassen und sich wieder den Gesetzen des großen Arnold Hau zuzuwenden; die sind lustiger zu lesen: »*Ihr sollt nicht nachts auf die Frauen eurer besten Freunde steigen und ausrufen: ›Juvivallera! Die Sache macht ja Spaß!‹*«

*Offener Brief
an Monika Griefahn*

Du, liebe Monika Griefahn, niedersächsische Umweltministerin, Politikerin aus Leidenschaft, Mutter von Jonas und Nora, Gegnerin der Dünnsäureverklappung, Befürworterin des Stillens beim Staatsakt, Autorin des Buches »Weil ich ein Lied hab'«, hast ein Lied. Denn Du heißt Mo-, Mo-, Monika...

Du, liebe Monika Griefahn, bist Lönneberga statt Gorleben, Bauernfrühstück statt Junk Food, Vernetzung statt Aufribbeln, Gewissen statt Gewinn.

Doch Dein Erfolg hat Neider. Die Götterdämmerung der Öko-Diva hat begonnen: »Disharmoni(e)ka«, »Moni-kaputt«, »Politik auf der Griefahnenflucht aus der Verantwortung« – üble Nachrede allenthalben.

Jetzt keilst Du zurück, teilst aus, stellst klar und rückst zurecht. Weil Du ein Lied hast. In Deinem Buch strafst Du die Lügen, die über Dich kursieren, Lügen. Doch nur bis zu einem gewissen Punkt...

Lüge: Die Griefahn daddelt gerne, treibt sich bis tief in die Nacht in schmutzigen Kneipen zwischen den Flippergeräten herum, hat bloß noch tote Automatengefühle. Stimmt nicht. Du weißt es ja selbst: *»»Unsere Entfremdung vom Nächsten, von der Natur und von uns selbst muß überwunden werden‹, schrieb Erich Fromm, wir müßten ›wieder ein Gefühl des* Ich-Seins, *des Selbst, der Erfahrung* Ich Bin *erhalten, statt dem Automatengefühl zu erlie-*

gen‹. *Selbstverantwortung in diesem Sinn ist mein Prinzip, mein Lied, das ich singe, wie Konstantin Wecker, ›weil ich ein Lied hab', nicht weil es Euch gefällt‹.«*

Noch Fragen?

Lüge: Tochter Nora war ein total kompliziertes Baby, das in der behördlichen Umgebung zugrundeging. Du konterst: »*Sie konnte sich leicht auf regelmäßige Zeiten einstellen und war ein unkompliziertes Baby, das in der behördlichen Umgebung, auf dem Teppich meines Amtszimmers, oft mit erstaunlicher Gelassenheit vor sich hinspielte.*«

Lüge: Dein Familienleben ist zerrüttet. Nora und Jonas fremdeln, und die alte Oma Griefahn ist eine ungeliebte, kinderlose Zugehfrau von grobianischer Unterwürfigkeit. Diese Behauptungen sind falsch. »*Ich genieße es, abends nach Hause zu kommen und mit großem Hallo von Jonas und Nora begrüßt zu werden*«, parierst Du die Attacken. »*Und ich liebe meine Mutter, eine Hausfrau von sehr subtiler Dominanz, die vier Kinder großgezogen hat.*« Ehrlich währt am längsten.

Lüge: Die Griefahn ist ein Putzteufel, aber sie haßt es, politische Projekte durchzupauken, Papiere zu diskutieren, Nationalparks zu konzipieren. Das Gegenteil ist richtig: »*Es macht mir keinen Spaß, die Wohnung zu putzen. Aber es macht mir Spaß, ein Projekt durchzupauken, ein Papier zu diskutieren oder gar einen Nationalpark zu konzipieren.*«

Lüge: In ungemütlicher Frühstücksatmosphäre frißt Familie Griefahn lebende Industrietiere aus Einwegdosen. Du widerlegst das: »*Am Samstag frühstückt die Familie gemütlich, und wir kaufen noch bei unserem Biobauern die wöchentliche Ration Quark, Milch und Gemüse.*«

Lüge: Die Kinder der Griefahn sind im Unterbewußtsein lichthupengeile Umweltschweine mit Bleifuß. Hier Deine Antwort: »*Nora liebt das Autofahren überhaupt nicht und gibt prompt das Frühstück wieder von sich. So ist das eben – meine Kinder haben das ökologische Unterbewußtsein: Zugfahren ist angesagt, nicht das Auto!*« Kindermund tut Wahrheit kund, indem er das Frühstück von sich gibt.

Lüge: Die Griefahn hat jahrelang Wahnsinns-Reklamegagen abgezockt (5 Mio. für eine Woche Otto Kern, 12 Mio. für drei Tage Alete, 9 Mio. für ein Semester Bafög). In der Branche gilt sie als zickig, schnippisch, kiebig. Kein Kommentar Deinerseits!

Lüge: Regelmäßig braust die Griefahn auf Steuerzahlerkosten im Bumsbomber nach Trinidad, verklappt Dünnsäure usw., schminkt sich mit tierischem Fett. Auch zu diesen Vorwürfen schweigst Du Dich gründlich aus. Ist doch was dran?

Lüge: Die Griefahn ist eine sexistische, konsumgeile Zynikerin mit besten Kontakten zur Rüstungsmafia. Beweis: Fehlanzeige. Dennoch läßt Du diese Diffamierungen einfach im Raum stehen. Warum?

Lüge: Die Griefahn kann überhaupt nicht singen. Auch hierzu äußerst Du Dich nicht in Deinem Buch. Wer aber hat das Lied, das Du doch hast, denn so zerstört?

Monika-Maus, Pummelchen, Liebes! Für mich und viele meinesgleichen, die den »aufrechten Gang« (Ernst Fromm), das »Prinzip Hoffnung« (Geröllheimer/Adorno) und die »Globalsolidarität« (Horst Eberhard Ratzefutz) noch nicht aufgegeben haben, verkörperst Du wie keine zweite mehr seit Petra Kellys Tod und Jutta Ditfurths Explosion das vernetzte Denken, den Lockruf der Wildnis, die Kraft der zwei Utopiezusammenhänge.

Und jetzt das. Wasch Dich rein, Darling! Mit Deinem Ruf steht auch ein Stück Vision auf dem Spiel. Ich bitte Dich, um Noras und um Jonas' Willen, Monika: Wenn Du ein Lied hast, sing!

in Liebe, Dein alter
Gerhard Henschel

Lesereise
Ein Gastbeitrag von Michael Rudolf

Los ging es gleich am ersten Tag und zwar in Weimar, und das konnte ja nur Gutes bedeuten. Das Publikum würde in mehr als zufriedenstellender Anzahl im »Haus Schützengasse« erscheinen, des waren Herr Henschel und ich gewiß, und so verfügten wir uns vorerst in die Jugendherberge, wo man uns unverzüglich bedeutete, daß das Frühstück zwischen 7 und 8 Uhr 30 eingenommen und die Suite schon um 10 Uhr geräumt werden dürfe.

Nach der Lesung, auf der wir unsere schönsten und lustigsten Texte zum umjubelten Vortrag gebracht hatten, suchten junge Menschen vertrauensvoll das Gespräch mit uns, ja, selbst der Kollege Biskupek trat uns mit wohlmeinenden Ratschlägen in die Seite. Von allen Anwesenden wurde uns hernach die Teilnahme am rituellen Trinkgelage der Klubveteranen dringend anempfohlen. In einem Kellergelaß traf sich zu diesem Behuf eine burschenschaftlich fixierte Runde wehrfähiger Männer und Frauen, die das Gespräch nur noch schreiend fortzusetzen sich bereit zeigten. Unser beider Fassungslosigkeit über dieses Gebaren schlug in blankes Entsetzen um, als wir gewahr wurden, daß der weitere Verlauf an würdelosen, von irrem Gebrüll begleiteten Abzählversen orientiert werden sollte. Zudem trank man sich zügig mit »Lakritzdiesel« zu, wie Herr Henschel das nannte. Das Mittun lehnten wir höflich ab, sicherten uns vielmehr noch Trinkbares aus dem Kühlschrank und verließen die rohe Runde im Laufschritt.

Wir schliefen so schnell wir konnten und standen auch gegen 11 Uhr leidlich unausgeschlafen auf dem Tablett. Dafür, daß es nun kein Frühstück mehr gab, entschädigte uns die Herbergsleitung mit Eiswasser und einer Dusche, die man kauernd und unter Anwendung eines mittelgroßen Instrumentenkoffers sogar hätte benutzen können. Just die gleiche Erfahrung müssen einhundert polnische Musikstudenten gemacht haben, die kurz zuvor unter Protest aus der Jugendherberge ausgezogen waren. Auf Befragen äußerte der Herbergsvater gegenüber der Lokalzeitung vom Tage: »Wir wissen schon, wie wir mit unseren Gästen umzugehen haben, gerade mit polnischen.«

Der Morgen begrüßte uns mit strahlend blauem Himmel, und wir besichtigten das, was Weimar zu zeigen bereit war. Erst gegen Abend suchten wir nach einer Bahnverbindung ins nahe Jena, um die nächste Lesung zu zelebrieren. Jena bot sich über alle Maßen verhangen dar, und wir stellten uns ungesäumt im »Rosenkeller« vor. Das von Eugen Egner gezeichnete Plakat lockte ein Publikum an, welches uns sogar die gröbsten Unanständigkeiten nachsah. Überdies hatte ich telefonisch noch Kontakt mit den Veranstaltern des nächsten Termins in Erfurt aufgenommen, die sich nicht genug darüber verwundern konnten, daß wir nach altem Brauch ohne Kraftwagen unterwegs waren.

Dann setzten wir, einem weiteren alten Brauch gehorchend, unser Recht auf Rausch ins Werk, wobei wir Getränken mit veränderlichen Gewichtsanteilen Alkohol den Vorzug gaben. Die guten Leute vom »Rosenkeller« hatten noch einen Geburtstag zu begehen, und so verstrich die Nacht

unter den Klängen einer auf unglaublich engem Raum endlos spaßig vor sich hin musizierenden Dixielandkapelle. Fast wollte es schon tagen, als wir unser Quartier in Alis Kneipe aufsuchten. Ali blieb uns als freundlicher Mensch in Erinnerung, der uns zwei reizende Dachstübchen mit 30^0 C im Dunkeln zur Verfügung gestellt hatte. Unmittelbar dahinter, in drei Meter Luftlinie Entfernung, brachte ein Rudel Bauarbeiter dem Gott der Lautstärke ein wildes Opfer dar und zeigte sich auch nicht gewillt, mit seinen Bübereien einzuhalten, bis es uns aus den Betten geklatscht hatte. So saßen wir am späten Mittag prompt gewaschen und gekämmt im Zug nach Erfurt.

Dort, in der »Engelsburg«, einer ausladenden Baustelle mit bierverklebtem Tiefgeschoß, wollte sich auch beim schlechtesten Willen niemand mehr an den Lesetermin erinnern. Den Herrn, den wir am Abend zuvor am Fernhörer gesprochen hatte, stufte man einmütig als nicht auskunftsberechtigte Klofrau ein. Aber nebenan, zwei Querstraßen weiter, sei noch so ein Café, da könnten wir es doch versuchen. Herr Henschel sprach sich unterdes beruhigende Formeln zu und verließ forsch ausschreitend den Ort des Grauens, während ich noch Anstalten traf, diesen Lufteinatmern gründlich Bescheid zu tun. Eher das Gegenteil davon mußte eintreten, und deren immer ahnungsloser werdende Bemerkungen machten es vor meinem inneren Auge flimmern.

Herr Henschel bezog in einem Hotel seiner Wahl Quartier; ich fuhr nachhause. Soviel war gewiß: Erfurt, insonderheit die »Engelsburg« in Erfurt, nicht und nie und nimmermehr! Also trafen wir uns erst am nächsten Abend wohlgelaunt in Chemnitz im »Lesecafé Exlibris« wieder. Herr Henschel berichtete bedrückt, die Hotelbadewanne in Erfurt sei ihm ohne Stöpsel angeboten worden, so daß er jammernd und suchend umherkriechen und sich schließlich mit einer Kombination aus Waschbeckenstöpsel und Socke behelfen mußte. So lagen die Dinge in Erfurt.

Das junge Chemnitzer Publikum war so recht nach unserem Geschmack, weil es an den richtigen Stellen auch ergriffen zu weinen wußte. Im Anschluß vertrieben wir uns die Zeit mit gutem Pilsner Bier und hatten überdies auch noch Gelegenheit, von einem offenkundig schwer angetrunkenen Besucher dergestalt belästigt zu werden, daß er uns allen Ernstes unterstellte, wir kämen aus dem Weltall usf., woran er noch einen bauchigen Sack voller weiterer unhaltbarer Behauptungen zu hängen wußte. Zum krönenden Abschluß fiel er Herrn Henschel in alles andere als freundschaftlicher Absicht um den Hals, nämlich mit den Klauen. Mehr als nur ein Grund für uns, einen Tag lang zu pausieren.

Nordhausen sollte die nächste Station sein. Jetzt braute sich das Ungemach in Form eines versprengten Häufleins Hooligans im Zug nach Erfurt und besonders in dessen letztem Waggon zusammen. Von den Buben verursachte heftige Schaukelbewegungen brachten das Verkehrsmittel zum Erliegen, und die Hundertschaft herbeigeschlurfter Polizisten ließ ihrer Unentschlossenheit freien Lauf. Die Unruhestifter entpuppten sich als sieben milchbärtige Hagestolze, die zusammen ein Bier getrunken hatten und nun ihre daraus resultierenden Artikulationsschwierigkeiten der Welt zum Vorwurf machten. Die übrigen Passagiere hatten sich schnell auf die Kosebezeichnung »Die sieben Zwerge« verständigt, was aber vielen nicht darüber hinweghalf, das Reiseziel heute nicht oder nur extrem verspätet zu erreichen. So widerfuhr es auch mir auf dem Hauptbahnhof Erfurt, dessen Fahrplan keine mutmachenden Verbindungen nach Nordhausen offerierte. Ich kam zu spät.

Der »Thomas-Mann-Club« in Nordhausen zeigte sich von seiner düstersten Seite. Herr Henschel hatte bereits zu lesen begonnen, da schneite ich atemlos hinein und schilderte die Reisekalamitäten. Allein der Lesehimmel in Nordhausen hing voller Arschgeigen. Verstockten Herzens, mit steinernem Augenaufschlag verfolgte der als Publikum anwesende Jazzclub den Verlauf der Lesung, so als habe man nicht uns, zween derbe Spaßvögel, erwartet, sondern sitze mit Vera Wollenberger in der Badewanne. In den hinteren Reihen begann man schon, unter anzüglichen Aha- und Oho-Rufen, sich gegenseitig die Füße zu pediküren. Das verdroß uns sehr. Wir lasen unwirsch fertig und gaben uns in die Hände des rührenden Gastgebers. Als uns anderntags die Sonne aus den Federn kitzelte, war es schon zu spät für die Harzer Querspurbahn. So nahmen wir die Deutsche Bahn, übten jedoch harsche Kritik an der vorbeihuschenden Flur.

Die Altstadt der Knackermetropole Halberstadt bestärkte uns in nicht unbeträchtlichem Maße in der Vermutung, es seien hier nicht nur die elektrischen Lichtquellen, sondern auch die letzten Überreste zivilen Lebens niedergestreckt. Dagegen war im »Kunsthof Hausvoigtei« alle Liebenswürdigkeit der Welt versammelt. Die Lesung vermochten wir uns angesichts der in der Galerie angerichteten Ausstellung »Handwerkzeug« mit turmhoch aufgeschichteten Feilen und vollgelehmten Mistforken nur schwerlich vorzustellen, doch es erschien ein gescheites Publikum. Wir lasen und sangen und zeigten Dias, daß es eine Freude war. Die Menge warf begeistert die Hüte. Eine weniger große Freude bereitete uns der Umstand, daß wir trotz hündischster Unterwürfigkeit keinen Einlaß mehr in die eben schließenden Wirtshäuser fanden. Nichts fanden wir mehr als erloschene Fachwerkpfefferkuchenhäuser und eine Araltankstelle, schräg gegenüber vom Cäcilienstift, wo wir übernachten durften. Auf Strümpfen storchten wir, mit Getränken für den Rest der Nacht versorgt, auf unser »Zimmer Vogelsang« (neben Schwester Gisela), saugten gierig am Zigarettchen und setzten in der Sixpackvernichtung zügig neue Maßstäbe.

Unbeschädigt hatten wir die Morgenandacht verschlafen, gingen dankbar stiften und suchten Zuflucht in einem Speisehaus. Ausgerechnet hier sollte das Telefonnetz zusammenbrechen, so daß wir kein Taxi bekamen, sondern zum Bahnhof rennen mußten.

Weiter ging es nach Altenburg, wobei sich die absonderliche Umweltverschwendung vor den Waggonfenstern streckenweise jeglicher Beschreibung entzog. Die ehedem reichsunmittelbare Stadt bescherte uns begeisterte Gastgeber im »Dubliner Pub«, während das ehrwürdige Nikolaiviertel den Eindruck erweckte, als sei für den Herrn hier das Ende alles Fleisches schon längst beschlossene Sache. Die an unserer Lesung interessierten Zuhörer sollten durch ein bedrohliches Grummeln in den hinteren Reihen etwas abgelenkt werden, welches aber, wie wir eruieren konnten, nur eine Simultanübersetzung für russische Gäste vorstellte. Trotzdem rauschten alle zufrieden nach Haus. Ich per Zug und sofort; Herr Henschel tags darauf.

So oder ganz genauso hat es sich zugetragen.

Ach, Schorle!

Bei Männern, das erfuhr ich neulich aus dem Nudelmagazin der *FAZ,* schätzest Du, Pastor Schorlemmer, in Sonderheit die Eigenschaften *»Offenheit«* und *»Mannes-Mut«,* während Dich bei Frauen am fickrigsten die Eigenschaften *»Besonnenheit«* und *»Sanft-Mut«* aufstacheln und höllisch pfeffrig überprickeln – und überhaupt wärest Du, Schorle, am liebsten wer oder was mit Karacho?
»Ein Rosenstrauch.«
Ein was?
»Ein Rosenstrauch.«
Also ein Rosenstrauch. In Ordnung, Schorle. Schon gut, schon gut. Ich muß schließen, der Sanft-Mut ist alle. Bevor noch Weiber zu Hyänen werden und mannes-mutige Pastoren zu Rosensträuchern: Gott zum Grußtelegramm!

Solche und solche

Noch einmal ein schnelles, hurtig produziertes Lach- und Quatschbuch unterbreitet Margarete Mitscherlich, die große alte Dame des Kabaretts, dem Publikum. Sie hat mit der Autorin Irene Runge geplaudert und präsentiert das Protokoll im Klein-Verlag unter dem knarrenden Titel »Kulturschock«. Kaum schockierend, eher schon betörend zuckrig und drollig sind die darin mitgeteilten Döntjes aus jenem Milieu, dessen Jargon der Publizist Kurt Scheel treffend als »Gargel« bezeichnet hat. Mitscherlich zu Runge: *»In gewisser Weise haben Sie ja eine tolle und eine schreckliche Kindheit zugleich gehabt.«* Runge, über die Katze ihrer Nachbarn, zu Mitscherlich: *»Die Katze war fett und hieß Peter.«* Mitscherlich: *»Was macht eigentlich heute Ihr Sohn?«* Runge: *»Abgewickelt und ABM...«* Mitscherlich: *»Der ist ja in einem ziemlichen Chaos großgeworden, oder?«* Runge: *»Es geht.«*

In solchen Dialogen kommt das Mahn- und Warngeunke unserer kritischen Folkloristinnen als gehobener Kaffeeklatsch zu sich selbst. Zwischen heißesten Eisen wie der Fettleibigkeit benachbarter Katzen gelangt dumpf und rußig der Menschheit ganzer Jammer zur Sprache: *»Manche streichen den Gründergewinn ein, andere werden untergebaggert«,* jaja, die Welt ist schlecht, man kann nur den hohlen Kopf darüber schütteln und kummervoll in die Hände patschen, nicht wahr, Frau Nachbarin? Dabei könnte es doch so nett sein, wenn wir alle uns etwas lieber hätten und gemeinsam gurgelnd die Vergangenheit auf- bzw. durcharbeiteten. *»Das muß man alles, ob man will oder nicht, erstmal durcharbeiten«* (Mitscherlich). Unter Durcharbeiten versteht Margarete Mitscherlich das Protokollieren leimiger Gespräche zwischen zwei geistesverwandten Tanten, die den Zustand der Welt beächzen und sich dabei so tapfer vorkommen wie Rosa Luxemburg und Sophie Scholl, auch wenn die Quintessenz aller intellektuellen Bemühungen bemitleidenswert dürftig ausfällt: *»Wie soll ich das sagen? Es gibt solche und solche«* – jungejunge, Frau Runge!

Darauf muß frau erst einmal kommen.

Wolfram & Schütte

Für die großen, seitenfüllenden, »*mythopoetischen*« (Wolfram Schütte) Essays und »*Visionen*« (Wolfram Schütte) von »*kaleidoskopischer und stilistischer Stoff- und Motivfülle*« (Wolfram Schütte) ist bei der *Frankfurter Rundschau* Wolfram Schütte zuständig. Seine »*Ab- & Ausschweifungen*« (Wolfram Schütte) haben ihn berühmt gemacht; immerhin entwickelte er »*das geschlossene Universum des realistischen Erzählens hin zur selbstreflexiven, multiperspektivischen, fragmentarisch-essayistischen Offenen Form*« (Wolfram Schütte). Und doch ist es ihm gelungen, sich selbst noch einmal zu übertreffen und seinem metapherngefüllten Aufsatzfaß ohne Boden mit dem Nagel feuilletonistischer Virtuosität die zum Überlaufen gebrachte Krone aufzusetzen.

Am 2. Mai 1994 hat Wolfram Schütte in der *Frankfurter Rundschau* den Roman »Petrolio« von Pier Paolo Pasolini besprochen; Überschrift: »*Literarisches Testament eines visionären Freibeuters*«, Untertitel: »*Pier Paolo Pasolinis als Fragment konzipierte & gebliebene poetische Summa: der unausgeschriebene Roman ›Petrolio‹. Eine Lesereise*« – dunkel schlingen sich die Silben umeinander.

Bücher bespricht Schütte so verworren und geheimnisvoll wie eine Reisigbesenhexe ihre Warze. Jeder Name, der ihm bei der Niederschrift gerade einfällt, muß erbarmungslos mit hinein in die schmurgelnde Rezension, und ungefähr beim fünften rauschhaft angekoppelten Relativsatz kommt

Wolfram Schütte erst richtig in Fahrt. Als er nun aber Pasolinis nachgelassenen Roman besprach, konnte Schütte es nicht lassen, ihn mit »Don Quichotte« und »Tristram Shandy« zu vergleichen, parallel dazu »*Dr. Jekyll & Mr. Hyde*« zu rekrutieren und zu erwägen, daß das Buch »*in luzider Bewußtheit der literarischen und malerischen Tradition von Dante und de Sade, Gogol und Dostojewski, Boccaccio und Kafka, Giotto und Caravaggio*« verpflichtet sei. Das heißt: »›*Petrolio‹ ist sowohl ein stillgestelltes work in progress als auch ein Spiegelkabinett von Reflexen.*«

Das obskure Spiegelkabinett von Reflexen weist seinerseits aber auch noch »*Hieronymus-Bosch-Sequenzen eines fellinesken Filmszenarios*« auf. Immer schlimmer klimpern nun die Silben, immer jäher fallen die Namen. Nicht nur Robert Musil, Hanns Henny Jahnn, Karl Marx und Goethe werden in Schüttes reißendem Bewußtseinsstrom hochgespült; auch Rolf Dieter Brinkmann hat es erwischt: »*Eine denkwürdige und faszinierende Koinzidenz zweier Rimbauds in der synchronen ›saison en enfers‹.*«

So herrlich wetterleuchtet »*der gewaltige Gewitterhorizont des Romans*«, ein »*schwarzer Monolith der Moderne*«, daß Schütte in ihm darüber hinaus auch die »*Parabel einer Reise ans Ende der Nacht*« erspäht. Spätestens jetzt gelingen dem Rezensenten Sätze, die endgültig kein Philologe mehr entwirren und entschlüsseln kann: »*Im ›Heiligen Bezirk‹ von Pasolinis Mythologie unschuldiger menschlicher Lust allegorisieren diese seriellen Selbstdemütigungen eines (zahlenden) Bürgers Tropismen einer von der Unschuld der sexuellen Lust Abschied nehmenden Trauer, die sich danach in Haß auf eine ›verweiblichte‹, zur Heimtücke und zu Lebens-Nihilismus ›verdorbene‹ Jugend verkehrt.«* Unter solchen grotesken Umständen, wo Trauer und Sex beim Abschied leise Servus sagen und Pasolini mitstenographiert, *»kann einem sein nietzscheanisches Lachen heute im Halse stecken bleiben«* – davon hätte ich nun aber wirklich gerne ein Foto: Wie Wolfram Schütte Pasolinis nietzscheanisches Lachen im Halse steckenbleibt. Ich möchte wetten, das sieht aus, wie wenn der Mops mit der Wurst über den Spucknapf springt.

Beharrlich behauptet Wolfram Schütte seit vielen Jahren seinen Stammplatz im Feuilleton der *Frankfurter Rundschau*. Er hält sich bedeckt und drängelt sich in keine Talkshow, sondern widmet sich im stillen so hingebungsvoll seiner Arbeit wie Spitzwegs Kaktuszüchter seinen Pflanzen. Soviel Zurückhaltung wäre manchem von Schüttes Kollegen zu wünschen.

Aber wenn ihm dann Pasolinis nietzscheanisches Lachen im Halse steckenbleibt, ist Gefahr im Verzug und die Frage erlaubt, ob Wolfram Schütte sich eventuell schon früher so hat gehenlassen.

1981 analysierte er im *Merkur* Arno Schmidts *»Ver- & Entbergungen«*, aber auch seine *»Ver- & Entfremdungen«;* im Laufe der Jahre kamen u.a. *»Groß- & Detailaufnahmen«* und *»Lebens- & Liebesentwürfe«* hinzu, aber auch *»Vor- & Nachhall«*, *»Erlebens- & Erfahrensweise«*, *»Aus- & Kreuzfahrten«* und *»Irr- & Fehlläufe«* sonder Zahl & Zweck. Was uns die Dichter Wolfram & Schütte mit den sonderbaren Satzzeichen immerzu sagen wollten, weiß niemand; nicht einmal Wolfram Schütte.

Ist es *»subkutanes Assoziieren der lebendigen Phantasie«*, wie er 1982 in einem wild mäandernden Großaufsatz über Herbert Achternbusch mutmaßte? Keine Antwort. Ungeklärt ist auch die

Frage, was Wolfram Schütte dazu treibt, jede Rezension mit mindestens einem Dutzend mehr oder weniger erlauchter Namen zu schmücken. Um Herbert Achternbusch gerecht zu werden, rief Schütte Chaplin, Gottfried Benn, Bertolt Brecht, Karl Valentin, Buster Keaton, Jerry Lewis und Montaigne auf sowie Lichtenberg, Goethe, Fassbinder, Hölderlin, John Ford, Kurosawa, Adorno, Schlöndorff, Bloch, Margarethe von Trotta und Dante. Mit von der Partie waren auch Woody Allen, Arno Schmidt, Vlado Kristl, Andy Warhol, Godard, Gabriel Garcia Márquez, Martin Walser, Nestroy, Alexander Kluge, Werner Herzog und Kurt Tucholsky: »*Thema con variazioni, Reprisen, ancora una volta, noch eine Volte über das Befremdliche eines Fremden im Vertrauten*« (Wolfram Schütte).

Das rasende Name-Dropping beherrscht Wolfram Schütte immer noch. 1993 versammelte er, im Rahmen der Rezension eines Buchs von Alejo Carpentier, auf engstem Raum Tolstoi, Strawinsky, Musil, Thomas Mann, Diego Rivera, Hegel, Peter Weiss, Virginia Woolf, James Joyce und William Faulkner. Milos Crnjaskis »Tagebuch über Carnojevic«, jene »*Sprachleinwand eines jauchzenden und schluchzenden Aquarells ineinander verschwimmender Sinneseindrücke*« (Schütte), führte sogar zu noch tolleren Ausschreitungen. »*Die Intensität von Gefühlen und das Rücken-an-Rücken von exzessiver Lebenslust und Sexualität einer- und von Tod, Elend, Haß und Mord andererseits lassen auf ein Erzählgelände blicken*«, das Wolfram Schütte seinerseits exzessiv belebte, indem er u.a. Danilo Kis, de Sade, Juan Rolfo, Lermontow, Dante, Tibull, Dostojewski, Rilke, Hugo von Hofmannsthal, Joyce, Tschechow, Trakl, Franz Marc und noch einmal Dostojewski als Zeugen anrief.

Deren Werke hat Wolfram Schütte allesamt rezipiert, Rücken an Buchrücken, in seiner Jugend, als es ihm noch gegeben war, »*ins swingende Offene abzutauchen, wo der Wellenschlag von Rhythmus und Melodie stärker zu uns sprach als die Schwebstoffe seiner fremdsprachigen Texte*«, denn die Schwebstoffe der Texte des Wellenschlages wurden gleich fortgespült. Ins swingende Offene.

»*Hunger und Liebe sind die Gezeiten in einem Meer der Solidarität*«, berichtete Wolfram Schütte 1993 von den Filmfestspielen in Venedig und besang Godards Spätwerk: »*Zugleich enthält es in Bild, Sprache, Musik, Ton und Schrift Überschreitung zum Gedicht und zur Musik, zum Roman und zum Jokus*«; doch damit nicht genug, denn »*zugleich aber wird die Trauer um den Verlust des Mythischen-Religiösen angesprochen und ein Gedicht auf die Liebe und die Schöpfung, die Täuschung und die Identität, den Romantizismus und die Relativität entworfen – wie ein Luftgebilde aus Zeichen & Tönen, aus Farben & Orten*«, aus Misch & Masch, aus F & R.

»*Während im amerikanischen Luna-Park die Subjekte entkernt werden und die Dinge an ihre Stelle treten, geht es in den europäischen Filmen, die der Ton dominant akzentuiert, um Kernschmelzprozesse des Individuums*«, gab Schütte weiterhin zu Protokoll und überschritt im Kernschmelzprozeß der Berichterstattung unbekümmert die Grenze zum Rezensionsgedicht, das »*jeden Augenblick vieldeutig und assoziativ mit Allusionen auflädt, die übers Sicht- & Hörbare hinausgehen und ihren Ort in der Empfänglich- & kulturellen Empfindlichkeit des Publikums haben.*«

Die Empfänglich- & kulturelle Empfindlichkeit des Publikums stellte Wolfram Schütte im Oktober

1993 wiederum hart auf die Probe, als er Michael Ondaatjes Roman »Der englische Patient« besprach. Schütte zufolge ist Ondaatje bekannt »*als das seltene Exemplar eines modernen Schriftstellers, der seine luftigen epischen Konstruktionen wie tollkühne Trapezakte mit erzählerischer Grazie über Abgründen ausführt, in denen Abenteuer und Geheimnis, Leidenschaft und Lyrismus als Spannungszonen herrschen.*« Wie in Wolfram Schüttes Rezensionen. Zeugen in diesem Fall: Tolstoi, Tschechow, Joseph Conrad, Christus, Samuel Beckett, Eric Ambler, Somerset Maugham, Rudyard Kipling, Daniel Defoe, Daphne du Maurier, Heinrich Mann und Orson Welles.

Kurz darauf unternahm Wolfram Schütte, anläßlich einer Rezension des Romans »Der Wettermacher« von Peter Weber, einen Abstecher in noch üppiger florierendes Erzählgelände: »*Das ganze Buch gleicht einem dichtbelaubten Baum, der seine autobiografischen Wurzeln himmelhoch (& jauchzend) überschattet. Sein Kleid sind poetische Äste und Geflechte, sein Blätterwuchs: Sprache, wie sie so spielerisch flirrend, so von Klängen & Anklängen singend seit Jahnns ›Perrudja‹, seit Grassens ›Blechtrommel‹ nicht mehr auf deutsch – und mit solcher Lust & Laune! – komponiert wurde.*« Im Zeugenstand: Diderot, Bräker, Joyce, Zwingli, Gottfried Keller, Arno Schmidt, Ingeborg Bachmann, Karl Kraus, Goethe und Hermann Burger.

Am liebsten, scheint es, stellt sich Wolfram Schütte die Künstler wie Gärtner und Heimwerker vor, gedankenverloren bosselnd, friemelnd und schnitzend, fädelnd und verknotend, schweißend und verhalten jauchzend, immer eingedenk des spielerisch flirrenden Geistes der Utopie, nur damit Wolfram Schütte hinterher, wie über Juan Goytisolos Prosaband »Quarantäne«, wieder schreiben kann: »*Das Buch, raffiniert und mit konstruktivem Witz verschweißt, verfädelt & verknotet sich zu einem vielfarbigen Zopf von Motiven und Stories, Zitaten und Parodien.*«

Mit bunten, aus verschweißten Büchern geknoteten Zöpfen drischt Wolfram Schütte auch auf ein Phänomen ein, das er in einem Grundsatz-Trapezakt-Luftgemisch-Großessay »*Die VerGATTerung Europas*« genannt hat: »*The american way of GATT hieße aber, daß den Europäern alle Möglichkeiten unter den Füßen weggezogen würden, um überhaupt noch einmal auf die Beine zu kommen – es sei denn in Texaner-Stiefeln.*«

Texanerstiefeltragende Unholde gewähren nämlich keineswegs die Hege & Pflege dichtbelaubter Bücherbäume mit knarrenden poetischen Ästen. Viel zu zart für Männerhände ist der filigrane Wuchs des guten Buches wie zum Beispiel diesem einen da von Julio Cortázar, »*eine grandiose tragikomische ›Abschiedssinfonie‹ der Zeit- & Raum-Inversionen*« bzw. »*ein leitmotivisches Netzwerk von Anspielungen, Echos, Spiegelungen, Parallelisierungen und Kontrastierungen, die durch Wiederkehr und Variation immer dichter auf ein Motivgeflecht verweisen, das sich, je weiter der Roman fortschreitet (oder besser: Gleichzeitigkeit gewinnt), ihn desto dichter ins Phantasmagorische überführt*« (Wolfram Schütte).

So elegant hat nicht einmal Columbo jemals einen Schurken überführt.

Im Phantasmagorischen ist gut Kirschen essen. »*Es sind Kristallisationen der anderen Wirklichkeit, deren vorerst rätselhafte Konfigurationen sich langsam zu einer immer erkennbarer werdenden Schraffur verdichten*« (Wolfram Schütte).

Die sich zur Schraffur verdichtenden Konfigurationen der Kristallisationen bedeuten vermutlich »*Eigenbrötlerei als Differenz; Würde, die Komik aushält; Sensibilität und Phantasie als ansteckende Menschlichkeit*« (Wolfram Schütte).

Ausgesprochen haklig wird es im konfigurativ kristallisierten Netzwerk aus Spiegelechos und Raum-Zeit-Phantasmen, in welchen sich die entkernten Subjekte verfangen, wenn Wolfram Schütte einmal so bissig zu werden versucht wie im Juli 1994, als er es auf Wolf Biermann abgesehen hatte: »*Kaum hatte der ›Großlyriker‹ (der lyrisch schweigt und polemisch lärmt), den ›Großkritiker‹ in den Unbedenklichkeitshimmel hochgejauchzt – der peinlichste Liebesdienst dieses Troubadours der Großworte, der dem bedrängten Opfer widerfahren konnte –, da holte er seine Paloma bianca mit bebendem Diskant und einem ›Spiegel‹-Blatt-Schuß aus dem Blau herunter, auf daß sie in seiner Wolfschlucht voller Stasi-Gebeine zerschmettere. Das hat mit ihrem Gesang keine Loreley getan*«, sondern Wolfram Schütte, der aus den subkutanen, von Spannungszonen durchzogenen Abgründen seines Gedächtnisses jederzeit jedes beliebige Büchmann-Zitat heraufzuholen und sofort dort hineinzubasteln vermag, wo es garantiert nichts verloren hat.

Seines Schaffens »*Sinn & Zweck, Reiz & Ästhetik*« (Schütte) scheinen ein vorletztes Mal flüchtig flirrend auf in seiner Rezension der Essaysammlung »Der Garten der Erinnerung« von Mario Praz. Um »*Sinn & Zweck, Reiz & Ästhetik des Prazschen Denkens*« hat sich der Übersetzer Max Looser verdient gemacht. »*Denn gerade indem Looser dem Prazschen Bienenstock seine Anmerkungswaben anbaut, in denen er sowohl den Prazschen Fingerzeigen nachgeht und dessen Fundstellen markiert, als auch die angeschlagenen Themen mit ihren heutigen Echos auffüllt, macht er das Buch der kleinen Anlässe, fortzeugend, zum raffiniertesten Labyrinth manieristischen Wissens, in dem sich aufs ergötzlichste lustwandeln läßt«* (Wolfram Schütte).

Im maniriert-marinierten Lustgarten & Labyrinth begegnen wir, zwischen Bienenstöcken und Fingerzeigen, bald darauf den nebenbei ins Phantasmagorische oder auch gleich nach Andernach überführten Gestalten Rossellini, Pasolini, Tornatore, Fellini, Mastroianni, Berlusconi, »Woody Allen all'italiana«, Enzensberger, Molière, Voltaire und Herbert Achternbusch.

Bereits in den ersten Absätzen seiner Meditation über Ricardo Piglias Roman »Die abwesende Stadt« erinnert uns Wolfram Schütte im Juli 1994 aber auch noch einmal an Godard, Ridley Scott, James Joyce, Bioy Casares und Julio Cortázar; *»von Borges, Camus, Faulkner oder Ernst Bloch zu schweigen.«* Beziehungsweise von Benjamin, Inge Meysel, Sartre, Beckenbauer, Pippi Langstrumpf, Kracauer, Hegel, Momo, Miou-Miou und dem Eduscho-Mann.

Schüttes Elefantengedächtnis kommt keiner aus. *»Man könnte auch an E.T.A. Hoffmanns ingeniöse ›Prinzessin Brambilla‹ denken, bei der eine Erzählung in die andere übergeht, so daß ein changierender, marmorierter Erzählteppich entsteht, auf dem man sich schwankend, wie betrunken, bewegt.«*

Schwankend, wie betrunken, bewegt sich Wolfram Schütte weiter fort bis hin zu jener numinosen *»Sprachwurzelgleichzeitigkeit, der bei Piglia ein unmerkliches Gleiten und Changieren zwischen unterschiedlichen Erzählebenen entspricht, auf die er die Leser mitnimmt, daß ihnen Hören und Sehen* *auf die bloß eindimensionale ›realistische‹ Weise vergeht.«*

Was bleibt, stiftet Wolfram Schütte persönlich: »*Es ist die Literatur als Phantasie und Imagination, als Variation und Fortspinnung der Ur-Erzählung des Menschen von sich...*«

Diese Stichproben zeigen Wolfram Schütte tief in seinem Element, zwischen Hunger und Liebe, den Gezeiten des Meeres der Solidarität und der Kernschmelzprozesse assoziativ aufgeladener Allusionen. Aber deutschnationalen Dichter-Sehern, die die kulturelle Hegemonie anstreben, sollte doch etwas Stichhaltigeres entgegenzusetzen sein als komische Luftgemische & Schwebstoffe, ansteckende Menschlichkeit, Äste & Geflechte, Ver- & Entbergungen, Volten über das Befremdliche, Sprachleinwände jauchzender Aquarelle und Anmerkungswaben im Unbedenklichkeitshimmel.

Zu den Autoren und Regisseuren, die er gefördert hat, gehören einige der besten. Auf dem fliegenden, changierenden, marmorierten Rezensionsteppich, den er selbst geknüpft hat, ist Wolfram Schütte mittlerweile allerdings schon ein wenig zu lange unterwegs nach Nirgendwo, als daß er immer & immer wieder, von Klängen & Anklängen singend, die luftigen kritischen Konstruktionen seiner dichtbelaubten, übers Sicht- & Hörbare hinausgehenden Sprachwurzelgleichzeitigkeiten unangefochten verfädeln und mit feuilletonistischer Grazie die aufgefüllten Echos fortzeugen dürfte, ohne daß einmal jemand seufzt.

Was hiermit geschehen ist.

Allertal

Dammer Berge, Treuenbrietzen,
Seesen, Bruchsal, Kaltenborn;
Uttrichshausen, Peppenhoven,
Garbsen, Grundbergsee, Stillhorn.

Und Allertal.

Breisgau, Katzenfurt, Dreilinden,
Pfefferhöhe, Königsforst;
Schauinsland, Rölvedermühle,
Gräfenhausen, Hohenhorst.

Und Allertal

Spessart, Ziesar, Kraichgau, Kriftel,
Hasbruch, Pfungstadt, Rabenstein;
Lichtendorf, Bad Eilsen, Kassel,
Niedergassel, Reinhardshain.

Und Allertal natürlich.
Immer wieder: Allertal.
Allertal, Allertal, Allertal.

Flirten lernen mit Hermann Hesse

Mädchen mögen Hermann Hesse. Manche Mädchen mögen Janosch lieber oder sogar Michael Jackson, aber richtige Mädchen finden Hermann Hesse besser, weil er ein Dichter ist. Seine Bücher handeln von Liebe, Schicksal, Ewigkeit, Sinnsuche, Sonne, Mond und Sternenglanz. Wenn sie, gründlich ausgelesen, in der Kitschendlagerstätte im Schuhkarton unterm Himmelbett landen, ist es schon zu spät; die Mädchen sind Hermann Hesse, dem Steppenwolf, Siddharta, Narziß und Goldmund verfallen und haben sich auf streng hessegeschulte Jungs spezialisiert. Für die gibt es jetzt einen Crashkurs in sieben Lektionen: Flirten Lernen mit Hermann Hesse.

*

Erste Lektion: Der Samen des Glaubens
Hermann Hesse war noch nicht einmal dreißig Jahre alt, als er mit einer Story zum Thema *»Jünglingsgärung«* an die Öffentlichkeit trat; Arbeitstitel: »Unterm Rad«. Unterm Rad geht es um schwerwiegende Dinge wie *»den herben Reiz der reifen Männlichkeit«*, *»den Samen des Glaubens, der Liebe, des Trostes und der Schönheit und Ewigkeitsahnung«* sowie um *»das unverstandene dunkle Drängen des Mannbarwerdens«*. Vorläufig richtet sich das dunkle Drängen noch auf spillerige Knabenkörper: *»In dem hübschen, zarten Knabengesicht brannten tiefliegende, unruhige Augen mit trüber*

Glut, auf der schönen Stirn zuckten feine, Geist verratende Falten, und die dünnen und hageren Arme hingen mit einer müden Grazie herab, die an Botticelli erinnerte.« Mädchen mögen das.

Wir merken uns: Abnehmen. Durch das Zucken feiner Stirnfalten Geist verraten. Dazu die ohnehin dünnen und hageren Arme mit einer Grazie, die an Botticelli erinnert, herabhängen lassen.

*

Zweite Lektion:
Augenblicke voll wehmütiger Süßigkeit
1914 legt Hesse den Roman »Roßhalde« vor. Noch einmal dominiert darin die knäbische Homoerotik: *»Ach, nie mehr im Leben würde er eine solche Liebe fühlen können wie zu diesem Knaben. Nie mehr würde er Augenblicke so voll warmer, strahlender Zärtlichkeit, so voll spielenden Selbstvergessens, so voll starker, wehmütiger Süßigkeit erleben können wie mit Pierre, mit diesem letzten, schönen Bilde seiner eigenen Jugend. Seine Anmut, sein Lachen, die Frische seines kleinen, selbstbewußten Wesens waren der letzte frohe, reine Klang in Veraguths Leben, so schien es ihm; sie waren für ihn, was der letzte vollblühende Rosenbaum in einem spätherbstlichen Garten ist. An ihm hängt Wärme und Sonne, Sommer und Gartenfröhlichkeit, und wenn ihn der Sturm und Reif entblättert, ist es mit allem Reiz und mit jeder Ahnung von Glanz und Freude vorüber.«*

Wir merken uns: Sturm und Reif meiden. Gartenfröhlichkeit vortäuschen. Grillfeste anberaumen.

*

Dritte Lektion:
Getrunkene Stimmen, geatmete Nähe
Nun wird es ernst. *»Für einige Augenblicke zog sich etwas in mir fest und eng zusammen, etwas Helles und Kühles; ich hatte einen Augenblick die Empfindung, ich trage«* ein Bier in mir? Nein, *»einen Kristall im Herzen, und ich wußte, das war mein Ich.«* Aus solchen Notizen stoppelt Hesse 1919 einen von »Erösungsahnung« durchgruselten Schauerroman mit dem Titel »Demian« zusammen. *»Ich war ein Wurf der Natur, ein Wurf ins Ungewisse, vielleicht zu Neuem, vielleicht zu Nichts, und diesen Wurf aus der Urtiefe auswirken zu lassen, seinen Willen in mir zu fühlen und ihn ganz zu meinem zu machen, das allein war mein Beruf. Das allein!«* Was gärende Jünglinge eben so ins Unreine schreiben, wenn die Hausaufgaben schon gemacht sind und Bonanza noch nicht angefangen hat.

Der Held des Romans heißt Emil und beginnt gerade *»zu ahnen, was Gebet ist«,* denn er hat sich in die *»reife, duftende Wärme«* der Mutter eines Klassenkameraden verliebt. Emil bedichtet sie, in peinlichster Schnöselprosa, versteht sich – *»so jung war der Hauch über ihrem Gesicht, so straff und faltenlos war ihre goldige Huut, so blühend der Mund. Königlicher noch als in meinem Traume stand sie vor mir, und ihre Nähe war Liebesglück, ihr Blick war Erfüllung.«* Auge um Auge. *»Mochte es mir gehen, wie es wollte, ich war selig, diese Frau in der Welt zu wissen, ihre Stimme zu trinken und ihre Nähe zu atmen. Mochte sie mir Mutter, Geliebte, Göttin werden – wenn sie nur da war!«*

Das sind Sätze, nach deren Lektüre man sich wünscht, daß nicht nur Spielfilme im Kabelfernsehen, sondern auch manche Romane hin und wieder von Streichkäse- und Rasierwasserwerbung unterbrochen würden. Aber geatmete Nähe hin, getrunkene Stimme her, der verschmachtende Emil möchte noch etwas mehr als einen feuchten Händedruck und erfüllende Blicke. »*Sie mußte kommen und meine Umarmung ersehnen, mein Kuß mußte unersättlich in ihren reifen Liebeslippen wühlen.*« Doch die Mutter denkt nicht daran, Emil die Palme abzureiten. Emil gibt auf und wird altklug. »*Einen Wissenden darf ich mich nicht nennen. Ich war ein Suchender und bin es noch, aber ich suche nicht mehr auf den Sternen und in den Büchern, ich beginne die Lehre zu hören, die mein Blut in mir rauscht.*« Hermann Hesse im Blutrausch, wer hätte das gedacht?

Wir merken uns: Den Wurf aus der Urtiefe nachwirken lassen. Erst- und Zweitstimmen trinken. Blutfettwerte kontrollieren!

*

Vierte Lektion: Vom Quell des Geschlechts
1922 erscheint »Siddharta«, eine stinkfeine »*indische Dichtung*«. Siddharta, »*der schöne Sohn des Brahmanen, der junge Falke*«, ist ein ganz famoser Bursche. »*Freude sprang in seines Vaters Herzen über den Sohn, den Gelehrigen, den Wissensdurstigen, einen großen Weisen und Priester sah er heranwachsen, einen Fürsten unter den Brahmanen. Wonne sprang in seiner Mutter Brust, wenn sie ihn sah, wenn sie ihn schreiten, wenn sie ihn niedersitzen und aufstehen sah, Siddharta, den Starken, den Schönen, den auf schlanken Beinen Schreitenden, den mit vollkommenem Anstand sie Begrüßenden.*« Für die Verfilmung wäre Roy Black eine Idealbesetzung gewesen. »*Liebe rührte sich in den Herzen der jungen Brahmanentöchter, wenn Sidd-*

harta durch die Gassen der Stadt ging, mit der leuchtenden Stirn, mit dem Königsauge«, mit dem rhythmisch pulsierenden Freudenhammer, nein, *»mit den schmalen Hüften«* natürlich.

Die Brahmanentöchter bleiben bis auf weiteres ungefreit; Siddharta muß erst noch Erkundigungen einziehen. *»Wem anders war zu opfern, wem anders war Verehrung darzubringen als Ihm, dem Einzigen, dem Atman? Und wo war Atman zu finden, wo wohnte Er, wo schlug Sein ewiges Herz, wo anders als im eigenen Ich, im Innersten, im Unzerstörbaren, das ein jeder in sich trug? Aber wo, wo war dies Ich, dies Innerste, dies Letzte?«*

Fragen kostet nichts. Und dann geschieht es plötzlich: *»Auch Siddharta fühlte Sehnsucht und den Quell des Geschlechts sich bewegen«,* und er macht sich auf die Socken. Zu den Brahmanentöchtern! *»Schön und lieblich war es, so durch die Welt zu gehen, so kindlich, so erwacht, so dem Nahen aufgetan, so ohne Mißtrauen.«* Hesses Muttertick verfolgt Siddharta bis in seine hochbedeutsamen Träume, in welchen er nun gerne *»ein Weib«* umschlingt, *»und aus des Weibes Gewand quoll eine volle Brust, an der lag Siddharta und trank, süß und stark schmeckte die Milch dieser Brust. Sie schmeckte nach Weib und Mann, nach Sonne und Wald, nach Tier und Blume, nach jeder Frucht, nach jeder Lust.«* Die Muttermilch der frommen Denkungsart schmeckt also nach Regenwürmern, Ikebana und Mordlust.

Wir merken uns: Mit leuchtender Stirn und gut sichtbarem Milchbart auf schlanken Beinen die Gassen der Stadt durchschreiten. Auf Brahmanentöchter achten.

*

Fünfte Lektion:
Seelenerweiterung für Fortgeschrittene
1927 ist Hermann Hesse in die Jahre gekommen und steckt noch immer mitten in der Jünglingsgärung. Er schreibt einen Roman, dessen Held – »Der Steppenwolf« – in die Jahre gekommen ist und doch noch immer mitten in der Jünglingsgärung steckt, was seine Tagebücher bezeugen: »*Jede Geburt bedeutet Trennung vom All, bedeutet Umgrenzung, Absonderung von Gott, leidvolle Neuwerdung. Rückkehr ins All, Aufhebung der leidvollen Individuation, Gottwerden bedeutet: seine Seele so erweitert haben, daß sie das All wieder zu umfassen vermag.*«

Bis es soweit ist, tut es auch eine einzelne Frau. Als dem Steppenwolf »*das holde lockende Lied des Geschlechts*« zu Ohren gekommen ist, ringt er sich ein Stoßgebet ab *(»O Rosa, o ferne Jugend, o Goethe und Mozart!«),* und schon liegt ihm eine blumengesichtige Frau zu Füßen. »*Als ich mich zu ihr legte, lächelte ihr Blumengesicht mich allwissend und gütig an.*« Mutter ist natürlich auch dabei: »*Es schaute Kindheit und Mutter zart und verklärt wie ein fernes, unendlich blau entrücktes Stück Gebirge herüber*«, ohne sich zu schämen.

Wir merken uns: Blumengesichtigen Frauen auflauern. Wenn welche aufkreuzen, halblaut Rosa, Goethe, Mozart und die ferne Jugend anrufen. Anschließend Rückkehr ins All.

*

Sechste Lektion: Devotion und Hingabe
1930 kann Hermann Hesse seinen »*knabenhaften Drang nach Devotion und Hingabe*« nicht mehr bändigen. Die Gärung erreicht ihren Höhepunkt,

»Narziß und Goldmund« erscheint, und wieder einmal treten »*Jünglinge*« auf, die ein »*holdes Lachen*« ausstoßen und sich wie Heintje benehmen: »*Nie in meinem Leben habe ich jemand so geliebt wie meine Mutter, so unbedingt und glühend, nie habe ich jemand so verehrt, so bewundert, sie war Sonne und Mond für mich*« – Motherfucker Hermann ist in seinem Element. »*Im Wiederholen langer Gebete an die heilige Mutter Gottes ließ er den Überschwall des Gefühls, das ihn zur eigenen Mutter zog, von sich strömen*«, volles Rohr in die Schlafanzughose. »*Da umduftete ihn die Mutterwelt, blickte dunkel aus rätselhaften Liebesaugen, rauschte tief wie Meer und Paradies, lallte kosend sinnlose, vielmehr mit Sinn überfüllte Koselaute*«; im Halbschlaf schneit es »*Träume, in denen Mutter, Madonna und Geliebte eins waren*«, und aus der Matratzengruft schossen »*viele kleine Erinnerungsblumen, blickten goldig, dufteten ahnungsvoll*«, und so weiter, was der sprühende Zuckerwattevulkan in Hermann Hesses Bubikopf nur immer herzugeben hatte.

Wir merken uns: Beten hilft. Muttertagsgedichte rekapitulieren. Koseworte lallen, Erinnerungsblumen sprechen lassen. Lachen ist okay, muß aber hold sein.

*

Letzte Lektion:
Die sakramentale Kraft echter Weihe
1943 besingt Hermann Hesse in seinem Romankloß vom »Glasperlenspiel« die »*gute Musik inmitten der unerlösten Stummheit der Welt*«, das »*Wunder des Lebens*«, »*Duft und Wert des Individuums*«, »*die sakramentale Kraft echter Weihe*«, ein prickelndes

»Bad in den reinen Quellen des Schönen«, die *»beglückende Harmonie von Gesetz und Freiheit, von Dienen und Herrschen«,* den *»sanften Glanz des Entwerdens, das Mitfühlen der wortlos gewordenen Vollendung«* und den direkten *»Weg ins Innere des Weltgeheimnisses, wo im Hin und Wider zwischen Ein- und Ausatmen, zwischen Himmel und Erde, zwischen Yin und Yang sich ewig das Heilige vollzieht.«*

Sanft glänzt das Entwordene im Dampfbad des Schönen, wo Heintjes gute Musik erklingt. Mama muß nicht mehr um ihren Jungen weinen. Der Duft des Individuums sticht säuerlich aus seiner Achselhöhle hervor.

Wir merken uns: Baden, duften, musizieren. Brahmanentöchter finden und das Heilige vollziehen.

An die Arbeit!

Lieber Martin Buchholz!

Hier, wie besprochen, die neuen Wortspielknüller (und -knaller!) für Dein nächstes Solo- (und Soli!-) Programm:
- Heißt es eigentlich Po-litik, weil alles am A... ist?;
- Irmgard Adam Schön-Schwaetzer;
- die da oben poli-ticken doch wohl alle nicht mehr richtig;
- Minister heißen Minister, weil sie mini-male Fähigkeiten haben, sonst hießen sie ja Maxi-ster!;
- Manfred Kanther – ja, kann ther das denn?;
- gut Ding will GAU-weiler haben (Aufpreis für Doppelbödigkeit, Dein Markenzeichen, Bucho!);
- die SPD spielt Schar-Ping-Pong;
- Rudolf, der Oberschar(ping)führer der SPD;
- Poli-Tic-Tac, das ist die neue Taktik;
- D-Mark Brandenburg (ziemlich bissig, Vorsicht!);
- Geseilschaft;
- asylbillinisch;
- wer Anus sagt, muß auch Berlin-Bonnus sagen!;
- Berlin, unsere Ent-Hauptstadt (Antifa-Wortspiel, kommt immer gut);
- das neue Großformat: DIN-A-Saurier!;
- die GSG 9 ist gramsgebeugt, wie es euch Hogefeld;
- die deutsche Wirtschaft wird vor Scham nicht einmal mehr Rex-rodt, waigel der Theo... (improvisieren!);
- Tschetschenien? Gesundheit, Herr Jelzin!;

– das Schlußwort zum Voltaire-Jahr: Hunde, Voltaire ewig leben? und:

– Bonn mal ganz pikant: Grün-Kohl mit Kinkel! Har, har, har!

Deponiere das Honorar bitte in nichtnumerierten Scheinen an der gewohnten Stelle. Für heute ist das gcnucho, Bucho! Viele liebe Grüße von Deinen alten Freunden Gisela, Gumhur und Gingko Güzel.

Verkettung des Sichbetrillerns

Eine Kamera dringt in die intimste Abgeschiedenheit eines Menschen und zeigt uns den Rezensenten. Er sitzt in einem halbrunden, armlosen Ledersessel, und beugt, krümmt sich über das neue Buch von Botho Strauß, »Wohnen Dämmern Lügen«. Es folgt die sehr nahe Aufnahme der Miene des Rezensenten. Grimasse der Skepsis, Randanstrich, einsetzende Verdüsterung.

Weshalb hat er sich das angetan? Es war doch abzusehen, daß es auch in diesem Buch um nichts Geringeres gehen werde als um »*Epochenbruch und Ärasturz*«, die Botho Strauß persönlich auf die »*Tagesordnung des Ewigen*« gesetzt hat, ohne uns die »*Schlinge des Erbarmens*« zu gewähren, so daß die störende, von Botho Strauß analysierte »*Verkettung des Sichbetrillerns*« kein Ende nimmt.

Der Rezensent schneidet Grimassen. Seufzt. Liest weiter. Wir sehen sein »*zusammengestürztes Gesicht, Zwetschge der Untröstlichkeit*« (Botho Strauß). »*Das Gesicht grau wie gestorbene Baumrinde*« (Botho Strauß), so schnauft er verdrossen. »*Er liest zusehends zaghafter, liest kleinlaut, verschmälert und krümmt sich zwischen Hals und Knie*« (Botho Strauß). Wird ihm schlecht? Kommt es zu einer »*Urflutszene*« (Botho Strauß) mitsamt Epochenbruch und Ärasturz?

Da, »*ach*« (Botho Strauß), sinkt der Rezensent in den Sessel zurück, »*von ganzem Wesen Urteil und Strafe hinnehmend*« (Botho Strauß), »*den Blick kahl nach innen gewandt, auf den Schmerz, das*

Malheur« (Botho Strauß), und eine Frage, die Botho Strauß uns gestellt hat, steht ungewaschen im Raum: *»Welchen Hof, welchen Beiklang, welche Urweise, welch verschollenen Ruf streift das Wort?«*

Möglicherweise streift es die Grenze zum Kokolorus, wenn Botho Strauß eine seiner schwergewichtigen, intergalaktisch hochbedeutsamen Behauptungen aufstellt: *»Aus Myriaden von Galaxien sieht uns ein Kinderkopf mit weltenleeren Augen an.«* Kuckuck!

So kommen die Sätzen auf Stelzen daher *(»Der Himmel war schwarz wie der edelste Rappe«),* und die Menschen keuchen freudig, denn der Besitz von Büchern eines Dichters, der in einem einzigen gestelzten Satz Myriaden von Galaxien zu durchmessen vermag, ist *»ihres Fleisches fleischlichstes Verlangen«* (Botho Strauß). Was für ein Gedränge! *»Jeder ist tausend anderer Durchhaus.«*

Der Rezensent bricht die Lektüre lieber ab und faßt sich kurz: Der kosmische Edelrappenkitsch ist so ungenießbar wie die Zwetschge der Untröstlichkeit.

Rinser, Rahner, Wuschel, Buschen

Nun ist es raus: Die berühmte Dichterin Luise Rinser (»*Wir, des großen Führers gezeichnet Verschworene, / Ungeborgen in scharfen Morgenstürmen, / Halten auf Türmen und Gipfeln klirrende Wacht*«) verband zu dessen Lebzeiten eine schlüpfrige, ja enge, länger als zwei Jahrzehnte währende Intimfreundschaft mit dem Jesuitenpater Karl Rahner.

Schönes Zeugnis jener Verbindung ist ein umfangreicher Briefwechsel. Seine brisanten Einzelheiten sind den Jesuiten, die Rahners Erbe verwalten, so peinlich, daß sie die Veröffentlichung seiner Briefe an das große alte Mädchen der Gegenaufklärung streng untersagt haben. Ganz anders Luise Rinser. In bewährter, ziegenhaft giftig strahlender Schamlosigkeit hat sie wenigstens ihre eigenen, an Rahner gerichteten Liebesbriefe dem Kösel-Verlag überreicht, der seinem Namen damit alle Ehre und die Briefe unter dem Titel »Gratwanderung« der Öffentlichkeit zugänglich gemacht hat.

Gern und viel schrieb »Wuschel« Rinser ihrem Versucher Rahner über »*Liebe plus Schmerz*« und über den Orgasmus, über »*Segenszeichen*« und über das kunstvolle umschriebene Ficken, den Inbegriff des »*schlechthin Verbotenen*« für sie & ihn. Theologen bevorzugen Trockensex und Luises Maximen: »*Ich bin ein Mensch des Un-Maßes, mein Fisch!*«

Die Dokumente des Rinserschen Geflennes und schweißigen Liebeswerbens um den sich zierenden Jesuitenpater hat zuerst der *Spiegel* weidlich ausgeschlachtet; später haben andere Medien nachgezogen.

Viel früher als die Konkurrenz, nämlich bereits 1987, hat allerdings der Rinser-Forscher Eckhard Henscheid das explosive, in Luise Rinsers aufgewühlter Birne zirkulierende Gemisch aus Aberglauben und Lüsternheit gewittert und bedichtet. Henscheid hatte damals Rinsers Romanschnulze »Daniela« gelesen und stilsicher fortgesponnen; nachzulesen in der Sammlung seiner »Sudelblätter«, S. 296 f., wo die besagte Daniela alias Luise einen Geistlichen lustvoll anstöhnt: »*Oder fiel sie vielmehr jetzt schon mit ihrem furchtbaren Lochhausener Gestöhne dem Pfarrer auf die Nerven? Nein, in seine Arme fällt sie noch einmal und jetzt definitiv, und gleich darauf dringt der Pfarrer mit großer männlicher Pracht in Danielas feuchte und immer feuchtere Speckmusch, in deren Falten sich tatsächlich ein paar alte Läuse herumtreiben und gleichfalls schadlos halten.*« Bis zum Höhepunkt: »*Schon wieder betastet der Pfarrer ihren noch feuchten, katholisch verschwitzten Brunzbuschen. Daniela denkt kurz daran, wie erst vorgestern Carl Orff, ja Carl Oooooorff, diesen gleichen miasmenspeienden, furunkelübersäten Buschen zwischen die Zähne genommen hatte. Ja, es war der Buschen einer Unbequemen, einer Störrischen, einer rinnäugig rebellischen Stinkmorchel aus Lochhausen...*«

So hat Henscheid Rinsers eingemachten Rahnerwahn vorweggenommen. Jetzt sind Germanisten, Psychoanalytiker und Theologen gefordert. Wer deutet die Koinzidenzen, Ahnung und Gegenwart? Rinser, Rahner, Wuschel, Buschen – ein weites Feld.

Ein Mann sieht rot

Klaus Rainer Röhl, der alte Spaßvogel, präsentiert seine »*überfällige Abrechnung*« mit dem, was er als »*Linke Lebenslügen*« bezeichnet, sendungsbewußt im Ullstein-Verlag, der auch Hardcore-Broschüren vertreibt wie »*Die selbstbewußte Nation*« und »*Die Faschismus-Keule. Das letzte Aufgebot der deutschen Linken*«; Werke, die im Reklameteil der rabiaten Abrechnung langwierig beworben werden.

»*Klaus Rainer Röhl, Gründer und langjähriger Herausgeber des Linksblattes ›konkret‹ und Ex-Ehemann von Ulrike Meinhof, blickt zurück im Zorn*«, teilt der Verlag mit. »*Bei aller schonungslosen Kritik und Selbstkritik vergißt er dabei nie jenen Witz und ironischen Biß, der diesen pfiffigen Journalisten schon immer ausgezeichnet hat.*« Pfiffigkeit scheint allerdings Röhls erste, gellend eindringliche Eigenschaft zu sein. Die Änderung politischer Positionen muß kein Indiz für Opportunismus sein. Wer 1968, überzeugt von der Verderbtheit der Linken, für eine konservative Erneuerung eintrat und 1994 eine programmatisch linke, von Nackedeis wimmelnde Zeitschrift herausgibt, befindet sich bestimmt nicht auf der Schleimspur des Zeitgeists. Klaus Rainer Röhl ist allerdings genau andersherum vorgegangen.

Früher schmierte Gerhard Zwerenz für Röhls *konkret* schwüle Kurzgeschichten zusammen; in den 70er Jahren, als es längst nicht mehr darum gehen konnte, die Verkniffenheit der Ära Adenauer zu bekämpfen, gab Röhl die Sexhefte *das da* und *das da extra dry* heraus. Röhls neues Buch enthält jedoch weder ein fleischig leuchtendes Centerfold zum Ausklappen noch einen einzigen Hinweis auf Röhls Karriere als Vorleger, die seiner verlegerischen machtvoll aufgeholfen hat.

Stattdessen erteilt er, als versierter Gynäkologe, Auskunft über »*die drei Nachgeburten*« der Apo, die uns heute das Leben zur Last machen. »*Der Schoß der Bewegung, die es bald nicht mehr gab, war noch fruchtbar für Mißgeburten – drei Bastarde traten hervor, fratzenhafte Zerrbilder einer einst gutgemeinten Sache.*« Die wahlweise als Nachgeburten, Mißgeburten und Bastarde der Apo beschimpften Phänomene, die Röhl mit seinem Brecht-Zitat dem Faschismus gleichstellt, sind »*die Drogenapostel, die Terroristen und der Feminismus*«. Deren ménage à trois ist unser Verderben eher noch als das von Allah, Gott und Edzard Reuter.

Im Eifer des Gefechts marschiert Röhl, der einsame Kämpfer wider die »*Nationalmasochisten*« und die »*Generation intellektueller großstädtischer Hypochonder*«, gemäß seinem privaten Schlieffen-Plan simultan gegen die »*Lebenslüge Antifaschismus*« und den »*Mythos vom klitoralen Orgasmus*« auf.

Ein Mann sieht rot. Was die Linke, und Röhl immer fröhlich vorneweg, verbrochen hat, steht auf einem anderen Blatt. Röhls Pappenheimer – Drogenapostel, die es doch niemals mit Mast und Berentzen aufnehmen können, ein paar abgehalfterte, versprengte Terroristen und die unzurechnungsfähige Andrea-Dworkin-Fraktion – sind nicht gerade die aktuellen Menschheitsgeißeln 1 bis 3. Nicht daß er für Ullstein und die *FAZ* schreibt, ist das Widerliche an Röhl, sondern daß er die Kundschaft ausgerechnet dort, statt sie zu verstören, mit den klebrigsten Billigartikeln bedient (*»Man trug die Haare lang und wusch sie nach Möglichkeit nicht«*).

Im kritischen Tanztheater ist Ulrike Meinhof blühender Nachruhm zuteil geworden. Zuckende, klösterlich kostümierte Pantomimen haben mehr als einmal die innersten Empfindungen der Gefangenen im Isolationstrakt auf der Bühne brutal nach außen zu kehren versucht. Nun ist es endlich möglich, im Tanztheater auch das Innenleben Klaus Rainer Röhls nach außen zu stülpen; die intimen Bekenntnisse, die er jetzt veröffentlicht hat, müßten auch Pina Bausch entzücken. Natürlich gehört mehr Mut dazu, Röhls Ölnatur dramatisch darzustellen als Ulrike Meinhofs Schicksal. Aber wenn sich irgendwo im deutschsprachigen Raum eine Tanztheatertruppe bereitfindet, das Buch *»Linke Lebenslügen«* szenisch (oder wie sagt man da?) umzusetzen, möchte ich darum bitten, dabei in einer feuerroten Ganzkörper-Gummi-Uniform, mit Witz und ironischem Biß, versteht sich, den Mythos vom klitoralen Orgasmus darstellen zu dürfen. Hallo wach!

Sieg im Volkskrieg

Risiken und Nebenwirkungen unseres Aufenthalts in der Erlebnisstadt Kassel hatten weder meine Tischdame noch die beiden Herren, die uns begleiteten, genau bedacht. Es galt, gemeinsam einen Abend zu gestalten. Man riet uns, eine Gaststätte namens »Nordpol« aufzusuchen, aber dort beschoß uns der winzige Sohn des Gastwirts mit einem Plastikball, was schmerzte. Wir wechselten über in »Monis Hurricane«, ein vielversprechendes Lokal, das aber nichts hielt. Eine halbe Stunde lang fürchteten wir uns zwischen klobigen Vasen vergeblich vor orkanähnlichen Ekstasen. Dann zogen wir wieder um. Auf der anderen Straßenseite lockte ein sogenanntes Kuba-Fest zur Völkerverständigung. Scharen multikulturell gestimmter Bürger sprangen und tanzten angeheitert durch die Räume der Wirtschaft. Und wir hatten uns kaum an einem Biertisch niedergelassen, als drei Sanitäter das blutende Opfer einer Messerstecherei an uns vorübertrugen. Kurz darauf erschien die Polizei und fahndete auf der Herrentoilette nach der Tatwaffe. Im Treppenhaus ruhten die Blutpfützen still, starr und bösartig. Dem Vernehmen nach hatte es eine Auseinandersetzung zwischen den Vertretern zerstrittener eritreischer Volksgruppen gegeben.

Von Kassel und von der Erlebnisgesellschaft hatten wir nun genug. Vom Nordpol durch einen Hurrikan direkt zum Tatort einer blutigen Völkerverständigung – weniger wäre mehr gewesen.

Riesenzwerg mit Superschwengel

Bei Müllers im Gasthof ist heut was los: »*Bei Müllers im Gasthof ist heut was los. / Bei den Männern in der Hos. / Bei den Weibern in die Köpf. / Die Händ', die machen knöpf-knöpf.*« Gegen Ende der 80er Jahre hatten auch die begriffsstutzigeren Feuilletonredakteure eingesehen, daß der Dichter dieser delikaten Zeilen, Gerhard Zwerenz, kein ernstzunehmender Schriftsteller ist, sondern ein Stümper bzw. ein »*Urgott der zuckenden Begattung*« (Zwerenz), dem es jahrzehntelang gelungen war, sich mit dem Ticket des aufrecht gehenden Radikalsozialisten durchzuschummeln.

Dann kam die Wiedervereinigung. Was längst nicht einmal mehr die *Frankfurter Rundschau* drucken mochte – lyrische Appelle an die Völker dieser Welt und rasch zwischen zwei Kurzromanen hingeschnulzte Leitartikel –, publizierte nun das *Neue Deutschland*. Die Chance, vom Schnarchblatt für Kleintierzüchter zum linksradikalen Forum zu reifen, schlug die Chefredaktion lieber aus. Zwischen linientreuen Karikaturschablonen und Ratschlägen für Schrebergärtner konnte Zwerenz dort nun seine neue, unverhofft eingebürgerte Klientel mit holprigen Versen gegen »*sporenbewehrte Generale*« erbauen. Von diesem jüngsten Streich wird sich der Wilhelminismus sicherlich nicht mehr erholen.

Mit seinem alten, im Westen nicht mehr funktionierenden Trick, über die eigene Scharlatanerie mit kritischem Klimbim hinwegzutäuschen, hat

Zwerenz nicht nur die naiveren Leser des *Neuen Deutschland*, sondern auch die PDS auf seine Seite gebracht. Eine linke, weder auf den Kapitalismus noch auf weltweite Bundeswehreinsätze eingeschworene Partei wäre etwas Neues im Bundestag. Die PDS scheint sich aber eher als Auffangbecken für Sonntagskünstler zu verstehen. Für das kulturelle Rahmenprogramm ihrer Wahlkampfkundgebungen engagierte sie u.a. die lustigen Musikanten Stephan Krawczyk und Barbara Thalheim, die mit ihrem trostlosen Kikeriki und Schrummbumm nur beweisen, daß der freie Markt, auf dem sie versagen, auch seine guten Seiten hat.

Die peinlichste Erscheinung in den Reihen der PDS bleibt aber Gerhard Zwerenz, dessen Prosa die Parteispitze bei der Überprüfung der Lebensläufe ihrer Abgeordneten nicht unbeachtet lassen sollte. »Frauen gehören dem Orgasmus«, dekretierte Zwerenz 1966 in seinem bahnbrechenden Roman »Casanova«, der nebenbei Erhellendes zur dynamischen Rentenreform enthält: »*Eine alte Möse, in die ein Mann sein Glied steckt, verwandelt sich unversehens zum Jungbrunnen.*«

Ganz vergebliche Liebesmühe verwandte der erregte Romancier auch auf die Darstellung komplizierterer Interaktionen zwischen ihr und ihm: »*Sie nahm den Rocksaum zwischen die Zähne. So aufgefältelt, spreizte sie im Stehen die Beine, nein, behielt die Füße zusammen und bog die Knie auseinander, in o-beiniger Anstrengung harrend, war die siebenfarbig wunschweckende Freundlichkeit zweier gegeneinanderlehnender Regenbogen, über denen mir froh das Himmelsstück ihres Schlitzes entgegenlächelte.*« Ernst ist das Leben, heiter die Kunst und vertrackt die Grammatik. Um die Verruchtheit auf den Höhepunkt zu treiben, zeigte

Zwerenz, was er von Rabelais gelernt zu haben glaubte, denn »*nun kommen fünftausend aufgedonnerte Huren, heben die Röcke und brunsen auf die Jungfrau herab, und die fünfzigtausend Frauen, die hierorts gerade menstruieren, sind auch mit von der Partie...*«

Des Minnesängers Ekstase gipfelte in dem Stoßgebet: »*O Götterzunge! Fötuskrösus! O Kuß und Samenfluß!*«

Die Entrüstung katholischer Hausfrauenverbände und der *Emma*-Redaktion hat der unbeholfen stammelnde Erzähler Zwerenz damit nicht verdient; dazu sind seine Werke doch zu nichtig. Wer »*aufgefältelt*« sich spreizende Nymphomaninnen »*knöpf-knöpf*« machen läßt und vor lauter Manneskraft kaum noch laufen zu können meint *(»Mir hingen die Eier dran wie zwei dicke Romane«)*, hat sich nicht sittlich-moralisch disqualifiziert, sondern intellektuell, ganz abgesehen von den dilettantischen Kurzkarrieren des Multitalents Zwerenz als Dramatiker, Filmstar, Fernsehkasper und haltlos schwadronierender Tucholsky-Biograph *(»Heine war Heine, Lenin war Lenin und Tucholsky war eben Tucholsky«)*. 1974 war der vielbeschäftigte Siebensassa, angeblich einer »*Bitte des damaligen Präsidenten der Offenbacher Kickers*« entsprechend, sogar noch drauf und dran, »*die Bundesligamannschaft dieses Fußballvereins psychologisch zu beraten und zu betreuen*« und vielleicht auch einmal, wie es in seinem Roman »Rasputin« heißt, mit der ganzen Mannschaft »*hineinzustoßen ins warme Zuckerloch*«, um auch das Prinzip Hoffnung nicht zu vernachlässigen – »*er bohrt ihr seinen Steifen in den Bauch. Das läßt hoffen.*«

So frivol geht es zu in seinen »*Geschichten von Liebe und Tod*«, denn wenn Zwerenz es mit etwas aufnimmt, muß es schon Liebe plus Tod im Doppelpack sein und »*die geilste Hure von ganz Rio*« oder doch wenigstens »*Venus auf dem Vulkan*« und Rasputins interkontinental dimensioniertes Geschlechtswerkzeug, »*der genialste Schwanz des ganzen weiten Rußland*«, versteht sich. »*Wir vereinten uns zu fünf Zentnern Fleisch, in dem unsere drei armen Seelen fröhlich tanzten.*«

Um brüllende Superlative war Zwerenz noch nie verlegen; schließlich muß er sich synchron und parallel an seinen Vorbildern Tucholsky, Hemingway, Heine, Henry Miller, Büchner, Brecht, Bloch, Josephine Mutzenbacher und neuerdings auch noch Karl Liebknecht oder vielleicht sogar schon Lenin messen lassen. Und dabei, wie sein Romanheld Rasputin, noch etwas Atem schöpfen »*zwischen den Stößen in die saugende schmatzende Scheide Kim-Anastasias*«.

Unten, im Zuckerloch, wo Zwerenz feststeckt, »*schwitzend und schleimend, röhrend vor Geilheit*«, wie Rasputin »*im Mösenpflücken langgeübt*«, ist es auf Dauer möglicherweise doch nicht so behaglich wie im Bundestag; »*meine Eier hingen nicht hoch genug dafür und klangen nicht dröhnend genug.*« Eier dröhnen und Scheiden schmatzen in Zwerenz' Roman »Der Mann und die Wilde« von 1982. Keineswegs in Jugendwerken, sondern in Texten des reifen bis überreifen Zwerenz finden sich diese verzweifelt auf schlüpfrig gequälten Stellen. Doch der Tanz in fünf Zentnern Fleisch hat ihn nicht geschwächt. Auch als Volksvertreter robbt der Fötuskrösus »*dicht vor die schleimende Fotze der Generalin und treibt ihr seinen Schwengel hinein*« in die gute Stube.

»*Er hatte vor lauter Schleim schon daran gedacht, sich in Tanger enteiern zu lassen*«, heißt es in dem

Prachtband »*Ineinander – auseinander. Liebesfreuden in Deutschland*« 1984 über einen desorientierten Mösenpflücker. Unenteiert schreitet hingegen Zwerenz persönlich weiterhin als radikaler Aufklärer einher, obwohl er nicht einmal befähigt wäre, Sexualkunde-Unterricht an Grundschulen zu erteilen. In seinem erotischen Brevier »Berührungen« von 1983 zeigte er sich jedenfalls nicht unbedingt als Kenner der weiblichen Anatomie: »*Ihr Ehegatte und Besitzer ahnte nicht, daß seine Frau, wenn er sie nahm, seinen herrlichen Schwanz mit Tränen näßte, weil ihr Schoß nur weinen konnte.*«

Wenn Eier dröhnen, weinen wohl auch Schöße, aber es kommt noch drastischer: »*Er warf sich zwischen ihre Beine, rammte ihr sein Faunshorn in die vor Erregung schnappende Möse*« – an anderer Stelle ist auch »*ihr schnappender fester Arsch*« im Gespräch. Den definitiven Schnappschuß hatte Zwerenz freilich Rasputin vorbehalten: »*Er setzt sich nach einem kurzen Moment der Verblüffung zur Wehr und rutscht in ihrem geilen Schleim herum. Die Augen auf die schnappende Fotze gerichtet.*«

Zwerenz ahnte vielleicht nur dunkel, was er damit meinte, doch er weiß genau, was Frauen wünschen: »*Er rieb ihr die Pranken über die Titten, klopfte, wo er nur konnte.*« Erst knöpf-knöpf, dann reiben, anschließend klopfen, und schon geht die radikaldemokratische Post ab. »*Seine Klöten in den gewölbten Zarinnenhänden tuckern, sein Sack hängt schwer wie voll von Sand*«, und auf einmal, »*als er tief in ihrer Futt ist, beißen ihre Zähne aufeinander, daß es knirscht.*« Das muß am Sand liegen.

Auf das Vorspiel folgen surreale Geschehnisse, »*das Auge ihres Schoßes blickte ihn an*«, denn das

Auge ist des Leibes Licht (Matthäus 6, 22). Unverzagt »*näherte ich mein helles Auge dem dunklen ihres nassen, dröhnenden Schoßes*« – er nun wieder! –, »*und ihr Schoß war die oberste, größte, wuchtigste, wärmste, heißeste, nasseste Pore*« ohne Brille. Als die Frauen noch Schwänze und die dröhnenden Schöße noch helle Augen hatten, scheint es recht lautstark zugegangen zu sein hinter der spanischen Wand, und »*hinter meinen kribbelnden Ameisenarschbacken wölbten sich zwei jungfräuliche Hände zur Klangverstärkung*«. Das müßte auch Fielmann und Sony interessieren.

Einer seiner verunstalteten, vaginal äugenden und dröhnenden Kunstfiguren gab Zwerenz nahezu olympiareife Turnübungen auf (»*die fremde Fotze rutscht ihr ins Genick*«), und daß er auch von Physik nur Bahnhofsviertel versteht, zeigt seine abenteuerliche Schilderung einer Ejakulation. Der arme, von Zwerenz verewigte Held verschleudert dabei »*eine Ladung Spermien, daß es gereicht hätte, auf den Mond zu gelangen bei soviel Rückstoß*« – wenn das die NASA wüßte!

So rauschen die faulen Äpfel vom Baum der astrophysikalischen Erkenntnis, »*und die Männer schlendern ihre langen, mageren Schwänze im Kreise, als wären ihren Hosenschlitzen surrende, unermüdliche Propeller aufgenäht*«, während MdB Zwerenz bereits den Arbeitern und kalten Bauern auf die Sprünge zu helfen versucht. »*Nur glückliche Seufzer wollen wir hören, unter der Befriedigungsbrücke Schenkelschlag, wo das Beinfleisch brät, bis es gar ist.*«

Wieviel Sitzfleisch die Ameisenarschbacken des Hinterbänklers Zwerenz aufweisen werden, steht z.Zt. noch dahin. Es ist anzunehmen, daß er sich spätestens nach der Hälfte der Legislaturperiode frustriert wieder unter die schenkelschlagende Befriedigungsbrücke zurückziehen wird. »*Ein hinreißender Geruch von Geilheit und Fotzensaft*«, an welchem er Rasputin riechen ließ, wird schwerlich zu erschnuppern sein in Bonn. Außerdem interviewt Ernst Dieter Lueg keine Abgeordneten, die sich, wie Rasputin »*mit jeder Hand in einer feuchten Fotze wühlend*«, in geilem Schleim zu wälzen pflegen.

Der Partei, die den delirierenden Silbenstecher freiwillig aufgestellt hat (»*Sie war die große Meisterin. / Ich schob ihr meinen Kleister rin*«), scheint diese Liaison dangereuse momentan noch so gut zu behagen wie der von Zwerenz besungenen »*Venus wild und gesetzlos*« ihr poetischer Koalitionspartner: »*So werd ich Tag für Tag von ihr im Ritt einhergenommen. / Und sie pausiert nur kurz, wenn sie gekommen. / Sie spitzt viel tausend Lippen steil zum Kuß. / Und wir vereinen uns zum großen Or-Gass-Muss.*«

Über das Quarren, Schmachten und Ächzen der Ein-Mann-Bumskapelle Gerhard Zwerenz wäre kein Wort mehr zu verlieren, stiege er jetzt nicht ausgerechnet noch in eine Alterskarriere als bramarbasierender Zwischenrufer im Bundestag ein. Ziege Scharping will die Große Koalition, für die Grünen ist der weltweite Einsatz der Bundeswehr kein Tabu mehr, und die einzige Oppositionspartei im Bundestag, die allen anderen zu weit linksaußen operiert, vergibt eines ihrer raren Mandate an einen Kleisterschieber, der von bratendem Beinfleisch träumt. Gibt es noch eine wählbare Partei?

Allen, die ihm versprachen, für die PDS zu stimmen, schenkte der Kollege Christian Schmidt vor der Bundestagswahl zwei Mark aus eigener Tasche, weil er sich als Satiriker von Stefan Heym und Gerhard Zwerenz, »*jenem bärtigen Riesenzwerg mit dem Superschwengel*« (Zwerenz), vier Jahre lang leichtes Spiel erhoffte. Ob der Unterhaltungswert der anstehenden Jungfernreden die mit ihnen verbundenen Qualen aufwiegen wird, müssen wir alle, in o-beiniger Anstrengung harrend, allerdings noch abwarten.

Vorläufig gehört das letzte Wort Gerhard Zwerenz: »*Mein Sperma glänzte im gelackten Gekräusel von Melanies Schamhaar. Ein vollkommener Abschied, dachte ich.*«

Schorle!!

Eine Frage ist noch offen: »*Wie wird die Tat zur Schwester des Traumes?*«

Die *Neue Zeit* hat Dir, Friedrich Schorlemmer, Gelegenheit gegeben, diese Frage in den Raum zu stellen. Ich aber kenne die Antwort schon. Wenn der Vater der Tat die Mutter des Traumes zur Frau nimmt, wird die Tat zur Schwester des Traumes – klar. Jetzt meine Gegenfrage: Muß die Tante der Tat oder der Onkel des Alptraums eingreifen, wenn der Vetter des Müßiggangs mit der Kusine des Attentats flirtet und die Tochter des Neffen des kleinen Bruders des Schlafes sich heimlich mit dem Schwippschwager des Schnarchens verschwistert?

Dreimal, Schorle, darfst Du raten.

Die National-Ungeheuer

2 Super-Nationalisten hetzen durch Deutschland.

Sie wollen vom deutschnationalen Erbe profitieren: »*Aus diesem mentalen Dilemma müssen wir humanen Gewinn keltern, nicht aber ein gottfernes Kainsmal ableiten*« (Ulrich Schacht).

Sie feiern »*Schmerz und Disziplin als Kernelemente der Askese*« und wünschen sich eine »*Besinnung auf das asketische Ideal*« (Heimo Schwilk).

Sie schreiben nekrophile Gedichte: »*Von Peking her / drohen die Gräber*«, heißt es in Ulrich Schachts Lyrikband »*Scherbenspur*«.

Sie solidarisieren sich mit Karin Struck und Alfred Dregger *(»Berliner Appell«)* und ersinnen Pamphlete gegen »*die wohlfeilen Anti-Faschisten und Deutsch-Suizidalen*« *(»Die selbstbewußte Nation«)*.

Die Scherbenspur der National-Ungeheuer zieht sich im Zickzack vom Ullstein-Verlag zur *Welt am Sonntag,* von der Etsch bis an den Belt. Tausende von Mitläufern – unter ihnen Botho Strauß, Ernst Nolte, Rainer Zitelmann, Klaus Rainer Röhl, Brigitte Seebacher-Brandt, Steffen Heitmann und Heinrich Basilius Streithofen – marschieren im Geiste mit. Aber wer sind Heimo Schwilk und Ulrich Schacht überhaupt?

Dem »Todes-Engel« Heimo Schwilk (42) hängen die Deutschen zu stark am Leben; deshalb kämpft er für »*eine politische Ästhetik des Erhabenen, die den Bürger sich über seine physische Existenz erheben und den eigenen Tod riskieren läßt*«. Schwilks grausiger Kumpan Ulrich Schacht (43), ein gelernter Bäcker, ist nach der Freilassung aus dem Stasi-Knast viel herumgekommen – seine Gedichte heißen »*Herbst in Nanking*« und »*Dänischer August*«, aber auch »*Goslarer Gleichnis*«. Er gibt sich gerne feinsinnig (»*Wir stellen Skulpturen / aus Atem / auf*«). Umso bestialischer zieht er gegen die »*postdeutsche nationalsuizidale Geschichtsschreibung*« in die Schlacht.

Eine Nation hält den Atem an. Was wollen die beiden Burschen von ihr? Sie glauben, die Deutschen seien ein Volk ohne »*Erfahrungsraum und Identität von Familie und Nation*«. Deshalb fordern sie ultimativ einen »*selbstbewußten Aufbruch der Deutschen ins Eigene*«, nachdem das Volkseigene aufgelöst worden ist.

Das Eigene sind vermutlich Zipfelmützen, Schulgebete, Graupensuppe, Nackenrasur, Sütterlinschrift, Wurzelbürsten, Prügelstrafe und Verordnungen zum Schutze von Volk und Staat. »*Der deutsche Mensch wurde systematisch seiner nationalen Identität entkleidet*«, beschwert sich Schwilk. Nackt und irgendwie nicht recht mit sich identisch tapppt er in den engen Grenzen von 1990 umher. »*Wo aber*«, hakt Schacht nach, »*herrscht Gott wirklich, wenn oben und unten nicht mehr existieren und links und rechts nur den gleichzeitigen Blick unserer Augen beschreiben – aufgehängt an unseren Wirbelsäulen, diesen knochenharten Achsen im Nichts?*«

Eine gute Frage. Stechend, aber unbestechlich richtet sich der Blick der verbrüderten Ungeheuer auf ein Volk, das in Fettlebe schwelgt, statt auf dem Feld der Ehre den eigenen Tod zu riskieren. Teenies, die strahlende Hitlerjungen abgeben könnten, löffeln lieber Fruchtzwerge aus und finden Wigald Boning gut. Die zermürbten Eltern lassen den Mut zur Erziehung sinken, schmeißen mit Taschengeld um sich und frönen der »*komfortzivilisatorischen Tristesse*« (Heimo Schwilk). Der Cholesterinspiegel steigt. Alle lesen Asterix, aber Askese halten sie für eine Art Cheeseburger.

Um die Ehrfurcht vor Militär und Kirche ist es auch nicht gut bestellt. Mehrheitlich werden breithüftige, aufgetakelte Gottheiten weiblichen Geschlechts verehrt, und in den Sakristeien rauscht der Ministrantensamen aus den knochenharten Achsen. Die Jugend nimmt an, das sei erquickender als der Heldentod in Stalingrad oder beim Manöver im Vogtland, wenn ein betrunkener Stuffz die Kontrolle über seinen Preßpappe-Panzer verliert.

Daß das Friedensdiktat von Nürnberg die Bundeswehr dazu zwingt, den Ernstfall mit Besenstielen statt Gewehren und mit Panzer-Attrappen aus McPaper-Shops zu üben, dient ja auch nicht gerade dem Respekt vor der Ehre des deutschen Soldaten. Jeder billige Negerstaat schmückt sich mit den modernsten Errungenschaften der Kriegstechnologie. Volker Rühes kümmerlicher Wehrsportgruppe sind indessen nicht einmal Gummiflitschen gestattet.

Weitere Eckpunkte vervollkommnen den Teufelskreis der Verweichlichung. Deutschland ist das einzige Land der Welt, in dem es Tempolimits gibt. Schundfilme zeigen Bilder des Friedens und der Begattung. Gedichte kann auch keiner mehr auswendig, nicht einmal die miesesten von Ulrich Schacht. Und sogar im *hortus conclusus,* wo einst Hölderlins selige Genien aufmarschierten, bekommen jetzt griechische Gastarbeiter einen geblasen. Von deutschen Mädchen. Spätfolge »*einer partiell verunglückten Nationalgeschichte«* (H. Schwilk). Weshalb blasen deutsche Mädchen Ernst Nolte keinen?

Auch das Meistertum ist im Eimer. Hacken die Gymnasiallehrer denn noch Löcher ins Eis und tunken die Sekundaner unter? Nein. Mit hängenden Schultern sitzen die Lehrer von heute in der zentralgeheizten Aula, mampfen Schokoflips und spülen, ohne ordentlich gekaut zu haben, den süßen Brei mit Pepsi hinab in die Hühnerbrust.

In den Fußgängerzonen verhallt in der Zwischenzeit ungehört die Fanfare aus dem »*rauhen Nebelhorn*« (Botho Strauß), das die Männer an die Waffen ruft und die Frauen zurück an den Stopfpilz.

Ulrich Schacht hat diesen Mißstand lyrisch sehr genau erfaßt: »*Putzlos / sind Mauern und Türme. / Der Graben / mehr Spiel als Abgrund. / Zwei Affen schweigen / am Eingang.*« Sie heißen Schwilk und Schacht. Aber sie schweigen nicht. Kreischend sind sie damit befaßt, »*in deutsches Identitäts-Gelände vorzudringen*« (Ulrich Schacht) und »*einer leidensscheuen Gesellschaft*« (Heimo Schwilk) von Peking her mit Gräbern zu drohen.

»*Die Pazifizierung der Gesellschaft zum Zwecke konsequenter Schmerzvermeidung kulminiert heute in ihrer Effeminierung, bewirkt durch Konsum-Hedonismus und die kulturrevolutionären Umtriebe des Feminismus.*« So gestochen scharf hat Heimo Schwilk die geheime Reichssache auf den Punkt gebracht. Und jetzt?

Ihren beiden verbissenen Schindern und National-Ungeheuern leiden die Deutschen einfach nicht genug. Wer nie im Erfahrungsraum gefrühstückt und den eigenen Tod riskiert hat, weiß nicht, wie Krümel pieken. Aber nur die Gepiekten sind bereit, sich möglichst hoch über ihre physische Existenz erheben zu lassen.

Andererseits leiden die Deutschen ja gerade an der Schmerzvermeidung, an den Umtrieben des Feminismus, am ewigen Frieden, am Gefechts- und Rabatzmangel, an der Niederlage gegen Bulgarien und am Heimweh nach jenem Striptease-Lokal, wo sie 1945 von den Alliierten ihrer nationalen Identität brutal entkleidet worden sind.

Soviel Leiden müßten doch wohl endlich auch den hohen Ansprüchen des Todes-Engels und seines grausigen Kumpans genügen. Mit Schwilk und Schacht geteiltes Leid ist zwar nur noch halbes Leid, aber es wird schon noch reichen.

Vielleicht reicht es damit ja sogar für eine Ästhetik des Erhabenen, die Schwilk und Schacht und ihr verdorbenes Volk jetzt ein für allemal den eigenen Tod riskieren läßt. Niemand wird ihnen eine Träne nachweinen, wenn sie endlich, »*ein Schatten / im Schwarz*« (Ulrich Schacht), krachend abdampfen in die »*verborgenen Biotope des Wunderbaren*« (Heimo Schwilk).

Auf auf, marsch marsch!

Sperma süßsauer

Was Amerikas Jugend gegenwärtig treibe, sei *»jede Menge durchgeknallter Intensiv-Sex«*, meldete *Tempo* aufgeregt im Juni 1994. Fotos zeigten Teenager in Schlüpfern, blutjunges Volk, lasziv im Gegenlicht sich räkelnd, sich befingernd und beleckend, zwischen Socken und Skateboards, bis obenhin voller Frühlingsgefühle. Ein ganz besonders hip auf die Couch drapierter Knabe zeigte sogar Schniepel, Ei und Bein.

Es handele sich um die *»Generation Sex«*, berichtete *Tempo* und ging ins Detail. *»Er ist nackt, bis auf eine weiße Unterhose. Sie trägt einen schwarzen BH. Eine ihrer Brustwarzen pocht durch den Stoff.«* Herein! *»Er steckt ihr die Zunge in den Mund. Sie küssen sich...«* Darüber hinaus hatte *Tempo* alles Wissenswerte über die juvenile *»Jagd nach Jungfrauen«* recherchiert und wußte auch, wie den Mädchen das Sperma schmeckt: *»Es schmeckt süß und sauer zugleich. Wie salzige Butter.«*

Schon im August waren die heißen Nachrichten über Gruppensex, Oralverkehr und pochende Brustwarzen wieder erkaltet. *»Jugendliche verlangen Treue und wollen früh heiraten«*, streute *Focus* aus. Von wegen Blasen und Beinzeigen! Das Magazin für den ganz kleinen Lesehunger zwischendurch hatte etwas völlig anders herausgefunden: *»Statt nach wilden Abenteuern sehnen sich die Kinder der Obermeier-Langhans-Generation nach festen Beziehungen. Treue inklusive, (frühe) Heirat nicht ausgeschlossen.«*

Aber hatte nicht gerade erst die *Bunte* zu Protokoll gegeben, daß clever im Trend liegende Menschen jetzt auf *»Abenteuer und Freiheit, Lebenslust und diese gewisse Schamlosigkeit, die zum guten Sex gehört«*, stünden und setzten? *»Immer mehr Männer zeigen ihre geölten Schenkel und Hüften und posieren im Minislip an den coolsten Plätzen der Welt.«* Etwa auch in Bad Salzuflen?

»In Amerika schon Kult: Unberührt in die Ehe«, schrie nun wieder *Bild* am 9. August dazwischen. Also was denn jetzt? Süßsaueres Sperma oder Keuschheitsgelübde? Poppen oder Prüderie? Rein oder raus?

Es bleibt ein Rätsel. Man steckt nicht drin.

O Gott, Herr Pfarrer Zirkler!

Die »*Aktion*«, die Sie in Laatzen/Gleidingen (Nähe Algermissen/Wätzum) zwecks »*Bewahrung der Schöpfung*« aus dem Boden gestampft haben, macht »*nicht nur Mühe, sondern auch Freude*«, und hört auf den Namen »*KKK – KirchenKreisKartoffeln*«, die von speziellen »*Kartoffelpaten*« geerntet werden. »*An einem Samstag im September steigt dann das große Erntefest mit ca. 300 KKK-FreundInnen*«, teilen Sie, Joachim Zirkler, allen Erntehelfern mit. »*Die Kinder bekommen Preise für die kleinste, die größte und die originellste Kartoffel. Zum Abschluß gibt es eine Schlußandacht, bei der sich alle noch einmal versammeln und Gott danken.*«

Das ist ein starkes Stück Schöpfungsbewahrung und bestätigt einmal mehr mein altes Vorurteil, wonach die originellsten Pastoren immer noch die dümmsten Kartoffeln ernten. Weitermachen!

Wachwechsel im Pop-Olymp

Bis vor kurzem war die Zeitschrift *Spex* im kritischen Popjournalismus eindeutig feder- und mausführend; niemand konnte Myteriöseres über »*schwelende Kratzgeräusche*«, »*verhakte Sehnsucht und verschlungene Dichte*« in der Welt der schnöden Töne schreiben, über die aktuellen »*Cyber-, VR-, Netz-, Nanotechnologie-, SF-, Prognostik- und Sonstwas-Erfahrungen*« und die neueste »*Umkehr ins Unergründliche. Zwischen Brocken des Sträubens, unter den Zerschlagungen und Versprengungen, neben dem tiefen Grollen schwingen sich plötzlich Falsettgesang und hymnische Melodien auf, in den Pop-Olymp*« (alle Zitate aus *Spex* 1/1995).

Mit seiner »*Pop-Kolumne im Januar*«, die er für die *Süddeutsche Zeitung* verfaßt hat, ist nun aber der kritische Popjournalist Karl Bruckmaier auf der Überholspur mit Höchstgeschwindigkeit in den Pop-Olymp gerauscht. Urplötzlich hat sich Karl Bruckmaiers unverwechselbarer Falsettgesang emporgeschwungen, und was Bruckmaier mitzuteilen hat, klingt sogar noch irrer als die verschlungene Dichte schwelender Kratzgeräusche in Spexdeutsch. Bruckmaier tadelt »*die Häufung von privaten Photographien auf den Covern, semipeinliche Situationen aus dem Alltäglichen*«; er rechnet ab mit einem Trompeter, »*der seine Lehrjahre bereits zu Herrenjahren hochzupitchen wußte*«; er gibt der »*zynischen Industrialität der Rolling Stones*« keine Chance mehr; aber vor allem ist seine Furchtlosigkeit zu rühmen. Denn seit der Umkehr ins Unergründliche, schreibt er, »*ist auch das Spiel mit den Zeichen vollends außer Kontrolle geraten: Wir torkeln durch eine Ära des Zeichenmißbrauchs.*«

Vorneweg torkelt Karl Bruckmaier, hochgepitcht und aufgepeitscht von seinem eigenen Genie. Weit abgeschlagen, zwischen Brocken des Sträubens, verschlagen und versprengt, torkelt die *Spex*-Redaktion hinterher; eine semipeinliche Situation, die zum Alltag gehören wird, solange Karl Bruckmaier Pop-Kolumnen schreibt und die *Süddeutsche Zeitung* sie druckt – typisch zynische Industrialität. Jetzt fehlen bloß noch Wildwasser- und Zartbitter-Gruppen, die sich um die mißbrauchten Zeichen kümmern. Wer torkelt mit?

Scheußliche Xenien

Gute Frage
Eigenurin war der Renner, jetzt ist es das magische Auge
in Buchform. Erst dies und dann das! Ja, kuckt denn kein Mensch mehr TV?

*

Prognose
Juristischer Hickhack verdrießt Peter Härtling. Der Dicke
macht sicherlich einen Romanzyklus draus. Der hat Nerven!

*

Auf den Punkt gebracht
Hanns-Josef Ortheil hat alle »Welten des Schreibens«, so heißt es,
»präzis vermessen« – doch ist er's nicht selber? Vermessen? Genau.

*

Widersprüchlich
Mit Plakat und »Verkaufsdisplay« bietet der Piper-Verlag jetzt
den Roman »Das Piano« an. Also fortissimo quasi!

*

Zärtlicher Zeichner
Janosch, sagt sein Verleger, sei »Deutschlands zärtlichster Zeichner«.
Hoffen wir, daß er auch weiterhin zärtlich bleibt. Wie Suleyken!

*

Auf einen Theologen
»Was ist das Christentum?« fragt sich der Denker Hans Küng.
Wieder und wieder. Bis du die Tür[*] nicht mehr zuchrist!
[*] Gemeint ist die »Himmelstür«

*

Was uns Rinser heißt...
Sie liebe ihn, schrieb an Karl Rahner Frau Luise Rinser und nannte
sich »Wuschel« – jawohl. Frei nach Eco: Der (andere) Name der Rinser.

*

Geschichtswissenschaft im Wandel
»Das Ende der Geschichte« bekrähte vorzeitig Herr Fukuyama.
Jetzt schreibt John Lukacs: »Die Geschichte geht weiter« – na dann!

*

Lob der Botanik
Eine »rosensträuchige Aufwärtsrede« schwingt neuerdings Botho Strauß.

Hier jedoch, Leser, bedenke: Kein Rosenstrauch
(-strauß!) ohne Dornen...

*

Und abermals nachgehakt
Was will er, der Biller? Und was ist mit Grass?
Und worüber
schweigt Dyba? Ach, ganz, wo er will, weht der
Geist. Gebt ihm Saures!

*

Der Himmel über Rom
Jetzt hat also auch noch der Papst uns ein Buch
vorgelegt. Und Wim Wenders
verfilmt es? Die Engelskostüme sind alle noch da!
Hosianna!

*

Blödel-Duos
Eine gemeinsame Lesung von Kroetz und von
Goetz! Und noch besser,
schön im Paket, Jürgen Fuchs und Wolf Wondrat-
schek, nein, mehr bedarf's nicht.

*

Noch zwei Ganoven
Schorlemmer, Drewermann, kommen! Gut paßt
ihr zusammen.
Eines nur muß ich tadeln: Daß ihr bescheuert
seid. Over.

*

Dem Rhetoriker
Öfters nahmst du das Maul schon sehr voll und konntest nichts wirken.
Nun sitzt du verhaspelt am Rand, den du zeitlebens nicht – hieltest.

*

An einen Kolumnisten
Dich sah ich Finn Crisp und Schinkenbier einnehmen, Lauch auch und Rauch.
Nimm bitte zu; das ist klug. Denn von dir gibt es niemals genug.

*

Durst
Wo Geist weht, da weht auch staubtrockene Luft in den Kojen.
Herr Rowohlt! Herr Rauschenbach! Nachbarn! Nur schnell! Euer Fläschchen!

*

Aus dem Nähkästchen
Im übrigen dient ja die Buchmesse, das ist die Wahrheit,
nur der Kontaktpflege und der Insemination.

Liste ekliger Sätze

»Willkommen an Bord, Sergeant.«
»Schatz, hattest du einen guten Tag?«
»Ich wußte es! Ich wußte es!«
»Ist schon okay.«
»Wo bin ich?«
»FBI! Sie sind in Sicherheit!«
»Ich glaub' das einfach nicht.«
»Sind Sie okay, Mann?«
»Es geht darum, das Leben Ihrer Enkelin zu retten!«
»Was soll ich also tun?«
»Versuchen Sie zu schlafen.«
»Nichts für ungut, Käpt'n.«
»Wir können über alles reden...«
»Du tust mir weh.«
»Wir haben eine Abmachung, Rachel!«
»Ich bin raus.«
»Warten Sie!«
»Vielleicht hast du recht.«
»Dann werde ich jetzt den Kaffee holen.«
»Laß uns nicht streiten, okay?«
»Augenblick mal! Der Junge hat recht!«
»Okay, du hast noch eine Chance...«
»Al?«
»Ja?«
»Ich habe nachgedacht...«
»Das macht mir angst, verstehst du?«
»Ach komm, vergiß es.«
»Es ist mein Ernst, Sally.«
»Trotzdem danke.«

»Geben Sie mir 48 Stunden.«
»Aber ich – «
»Vielleicht ist es besser, wenn ich gehe.«
»Tu das nicht, okay?«
»Du hast mir so gefehlt, Darling.«
»Es ist okay.«
»Mach das nie, nie wieder!«
»Gute Arbeit, Harry.«
»Fabelhaft, Jack!«
»Sind Sie Mr. Snow? Polizei.«
»Hören Sie, ich kann alles erklären!«
»Bist du schon feucht?«
»Okay, okay, okay, sie schafft es!«
»Sag, daß du es nicht getan hast.«
»Ich vergaß.«
»Woran denkst du jetzt?«
»Ich hab' es für uns getan.«
»Na schön. Und was hab' ich dabei zu tun?«
»Sie verschwenden Ihre Zeit.«
»Ich werde das nie wieder tun, das schwöre ich bei Gott!«
»Hilfe! So helfen Sie mir doch!«
»Er hat einen meiner Männer getötet.«
»Das ergibt keinen Sinn!«
»Ohne mich könnt ihr's noch schaffen.«
»O Mom, bitte!«
»Ruhig, Brauner.«
»Wir kommen wieder!«
»Ich habe viel über uns nachgedacht.«
»Du hast *was*?«
»Geld spielt keine Rolle.«
»Wird es weh tun?«
»Nein, ehrlich – ich mag sie.«
»Ich werde immer auf dich warten.«
»Danke, Pa.«
»Und – halt die Augen offen.«

»Und – lassen Sie es wie einen Unfall aussehen.«
»Indianer!«
»Ich glaube kaum, daß dies der geeignete Moment dafür ist.«
»Das ist eine Sache zwischen ihm und mir.«
»Ganz ruhig, okay?«
»Lassen Sie uns ein paar Dinge klarstellen.«
»Okay. Gebt mir alle puertoricanischen Tischler, die scharf auf Thunfischpizza sind.«
»Er war mein Partner.«
»Sie kümmern sich um die Hotelreservierung und um die Tickets nach Las Vegas.«
»Wie konnte das passieren?«
»Wir tun, was wir können.«
»Er war mein bester Freund.«
»Er war wie ein Vater zu mir.«
»Er war wie ein Sohn für mich.«
»Er war für mich wie ein Enkelkind, das ich nie hatte.«
»Ich werde dich rächen, das schwöre ich dir.«
»Keine Fingerabdrücke, nichts.«
»Wir brauchen jede Information – jede, auch die unwichtigste.«
»Würden Sie das vor Gericht wiederholen?«
»O mein Gott!«
»Bitte, Sie müssen mir glauben!«
»Sie machen einen großen Fehler, Mister.«
»Wie konntest du das tun?«
»Ich weiß es nicht, okay?«
»Sie würden es gefunden haben! Sie würden es gefunden haben!«
»Es dauert nicht lange.«
»Nur eine Frage!«
»Ich will, daß die ganze Stadt durchkämmt wird, klar? Jede Straße, jedes Haus, jeder gottverdammte Kohlenkeller!«

»Wir haben diese Geschichte zusammen angefangen, wir bringen Sie zusammen zu Ende. Es ist unsere Geschichte!«
»Stop, stop, stop. Nochmal von vorn...«

Trampas ist tot

Kalt nagt der Zahn der Zeit am Personal. Weggebissen hat er jetzt, nach Hoss und Little Joe, auch Trampas, den Sunnyboy von der Shiloh Ranch. Dessen Darsteller Doug McClure ist am 5. Februar 1995 in Los Angeles im Alter von 59 Jahren an Lungenkrebs gestorben.

Wer vor der Kiste regelmäßig bei den Leuten von der Shiloh Ranch in die Lehre gegangen ist, dem ist mit Trampas auch die Jugend abgestorben. Hat er nicht immer zuversichtlich in die Sonne gelacht und die Zähne gebleckt? Hat er nicht den großen, unerschütterlich das Gute notfalls auch mit Gewalt befördernden Bruder verkörpert, den man niemals haben würde? Ist er nicht alles gewesen, was der Schnösel John-Boy Walton niemals werden konnte? Hat er sich nicht auch mit weniger protzigen Feuerwaffen durchzusetzen vermocht als die knarrenden Vaterfiguren westlich von Santa Fé? Und hat er nicht, im vollen Bewußtsein des Wüstenstaubs und des Grauens und der Härte des Lebens im Wilden Westen, an der Möglichkeit des Besseren festgehalten und immer wieder in die sengende Sonne gelacht?

Doch. Und jetzt das. Warum mußte Trampas sterben? Er war doch noch so jung! Und dann auch noch an Lungenkrebs. Hätte es nicht wenigstens eine Kugel in den Rücken sein können?

»O Kinderzeit, o Jugendglück! Für kein Geld der Welt kommst du zurück« (Karl Dall / Peter Ehlebracht).

Letzte Meldung: Urmel aus dem Eis ist an einer Eierstockzyste erkrankt, der Bärenmarkebär liegt nach einem Schlaganfall im Koma, und Jim Knopf hat seinen ersten Rentenbescheid erhalten. Was dergleichen für die alten Freunde der Leute von der Shiloh Ranch bedeutet, wird die Jugend von heute wohl erst ermessen können, wenn Macaulay Culkin die dritten Zähne bekommt und der Gameboy am Stock in den Sonnenuntergang geht.
Farewell, Trampas!

Am Lachtelefon

In einer Welt des Wandels zeitlos ehern dumpf Bestand hat immerhin der Bumsfallera-Humor. Ihm zuliebe hat die Redaktion der Zeitschrift *Neue Revue* ein »*Lachtelefon*« eingerichtet *(»Ihr heißer Draht für gute Laune«)*: 040 / 411 21. Am Apparat: Carlo von Tiedemann. Es graust die Sau – und rührt doch an: Wo tritt einem die Steinzeit ähnlich unverfälscht vor die Sinne?

Nachweise

Alle Texte wurden für die Buchausgabe überarbeitet.
Erstdrucke:

Freunde fürs Leben: Titanic 3/1994
Kosmos!: Titanic 7/1993
Deutschland erwacht: Kowalski 11/1990
Volk ohne Malraum: Pulverturm 1/1993
Die ganze Tragödie: Konkret 1/1993
Huhu, AG für das Leben e.V.!: Titanic 1/1994
Zorn aus Liebe und ein kaputtes Knie: Neues Deutschland,
 26.3.1993
Ein Leben für den Wienerwald: Erstveröffentlichung
Prost Abendmahlzeit: Konkret 7/1993
Mord-Welt Wort-Welt: Tip 2/1993
Pfui, Dorothee Sölle!: Titanic 6/1993
Was Sie noch nie über Lothar Matthäus wissen wollten:
 Sportkritik 3-4/1994
Radikale Moslems!: Titanic 10/1993
Schorlemmer, Schorlemmer!: Titanic 11/1992
Ich scanne kulturelle Oberflächen: Freitag 46/1993
Franz Alt sein Song: Titanic 1/1993
Die Apokalyptiker: Merkur 4/1992
Die verzauberten Wunden des Dichters: Tip 12/1993
Oversexed George Tabori!: Titanic 10/1993
Die Welt stand still: Erstveröffentlichung
Eine Art Fahrstuhl-Logik: Konkret 5/1993
FrauenLesben!: Titanic 1/1995
Wenn Planeten weinen: taz, 18.12.1993
Hans Werner Henze!: Titanic 12/1993
Der barmherzige Samariter: Neues Deutschland, 8.10.1993
In 80 Seiten um die Welt: Wochenpost 51/1993
Volkes Stimmgabel: Konkret 9/1993
Ein Gesetz für die Menschheit: Junge Welt, 21.1.1995
Offener Brief an Monika Griefahn: taz, 16.4.1994
Lesereise: Frankfurter Rundschau, 21.1.1995
Ach, Schorle!: Titanic 12/1992

Solche und solche: Neues Deutschland, 3.12.1993
Wolfram & Schütte: Dieser Text geht zurück auf *Neulich auf der Geröllhalde* (Junge Welt, 27.5.1994) und *Wolfram & Schütte* (Titanic 9/1994)
Allertal: Kowalski 3/1992
Flirten lernen mit Hermann Hesse: Erstveröffentlichung
Lieber Martin Buchholz!: Titanic 11/1993
Verkettung des Sichbetrillerns: taz, 20.8.1994
Rinser, Rahner, Wuschel, Buschen: Titanic 9/1994
Ein Mann sieht rot: taz, 5.10.1994
Sieg im Volkskrieg: Wochenpost 23/1993
Riesenzwerg mit Superschwengel: Der Spiegel 44/1994
Schorle!!: Titanic 4/1993
Die National-Ungeheuer: Titanic 12/1994
Sperma süßsauer: Junge Welt, 11.8.1994
O Gott, Herr Pfarrer Zirkler!: Titanic 11/1993
Wachwechsel im Pop-Olymp: Junge Welt, 16.1.1995
Scheußliche Xenien: Tip 21/1994
Liste ekliger Sätze: Erschien in Titanic 8/1994 als Bonus-Track der von Wiglaf Droste und Gerhard Henschel geführten *Liste ekliger Wörter*.
Trampas ist tot: Junge Welt, 9.2.1995
Am Lachtelefon: Titanic 12/1994

VOM SELBEN AUTOR:

Gerhard Henschel & F. W. Bernstein
DIE GNADENLOSE JAGD

Ein Kriminalroman

Mit einem Grußwort von Max Goldt,
Zeichnungen von F. W. Bernstein und einer Bonus-CD
84 Seiten, Pappband
36,– DM / 37,– SFR / 290,– ÖS
ISBN 3 928681 22 2

»Ja! Ja! Ja!« *Eugen Egner*

Gerhard Henschel & Günther Willen
SUPERSACHE!

Lexikon des Fußballs

Mit einem Vorwort von Claas Prigge
224 Seiten, Broschur
20,– DM / 21,– SFR / 160,– ÖS
ISBN 3 928681 23 0

»Das bisher reizvollste WM-Buch.« *FAZ*

VERLAG WEISSER STEIN
GARTENWEG 6 · 07973 GREIZ · FON/FAX (0 36 61) 60 95

Aus der Reihe
CRITICA DIABOLIS

1. *Aufrufe aus dem Gefängnis von Segovia*, 10.- DM
2. Annie LeBrun, *Lâchez tout*, vergriffen
3. Giorgio Cesarano, *Der erotische Aufstand*, vergriffen
4. Wolfgang Pohrt, *Kreisverkehr, Wendepunkt*, 14.- DM
5. Pohrt, *Geheimagent der Unzufriedenheit, Balzac*, 18.- DM
6. Eike Geisel, *Lastenausgleich, Umschuldung*, 15.- DM
7. SMOT, *Das unterirdische Feuer*, 18.- DM
8. Wolfgang Pohrt, *Stammesbewußtsein, Kulturnation*, 15.- DM
9. Guy Debord, *In girum imus nocte,* vergriffen
10. Louis Aragon, *Abhandlung über den Stil*, vergriffen
11. Wolfgang Pohrt, *Zeitgeist, Geisterzeit*, 24.- DM
12. Kollektiv RAF, *Die alte Straßenverkehrsordnung*, 24.80 DM
13. Günter Anders, *Interviews & Erklärungen*, 28.- DM
14. Christian Schultz-Gerstein, *Rasende Mitläufer*, vergriffen
15. Curzio Malaparte, *Technik des Staatsstreichs*, 10.- DM
16. Harry Mulisch, *Srafsache 40/61*, 10.- DM
17. Enzensberger, Geisel, Broder, Arendt u. a., *Eingriffe*, 10.- DM
18. Klaus Bittermann, *Das Sterben der Phantome*, 26.- DM
19. Lothar Baier, *Zeichen & Wunder – Essays*, 26.- DM
20. Wolfgang Pohrt, *Ein Hauch von Nerz*, 26.- DM
21. Hannah Arendt, *Nach Auschwitz*, 26.- DM
22. Marcel Mariën, *Weltrevolution in 365 Tagen*, 29.80 DM
23. Hannah Arendt, *Die Krise des Zionismus*, 28.- DM
24. Alain Finkielkraut, *Die vergebliche Erinnerung*, 19.80 DM
25. André Breton, *Die verlorenen Schritte*, 29.80 DM
26. Matthias Matussek, *Palais Abgrund*, 28.- DM
27. Bittermann (Hg.), *Gemeinsam sind wir unausstehlich*, 20.- DM
28. Roger Willemsen, *Kopf oder Adler*, vergriffen
29. Robert Kurz, *Honeckers Rache*, 24.- DM
30. Bittermann (Hg.), *Liebesgrüße aus Bagdad*, 20.- DM
31. Gabriele Goettle, *Freibank*, vergriffen
32. Bernd Siegler, *Auferstanden aus Ruinen ...*, 26.- DM
33. Wolfgang Pohrt, *Das Jahr danach*, 36.- DM
34. Robert Kurz, *Potemkins Rückkehr*, 30.- DM
35. Gerhard Henschel, *Menschlich viel Fieses*, 20.- DM
36. Eike Geisel, *Die Banalität der Guten*, 26.- DM
37. Bittermann (Hg.), *Der rasende Mob*, 24.- DM
38. Gundolf S. Freyermuth, *Endspieler*, 34.- DM
39. Jane Kramer, *Eine Amerikanerin in Berlin*, 22.- DM
40. Gerhard Henschel, *Das Blöken der Lämmer,* 26.- DM
41. Peter Schneider, *Wahnsinn und Methode,* 26.- DM
42. Robert Kurz, *Der Letzte macht das Licht aus,* 28.- DM
43. Wolfgang Pohrt, *Harte Zeiten,* 28.- DM
44. *Das Wörterbuch des Gutmenschen,* 28.- DM
45. Bittermann (Hg.), *Serbien muß sterbien,* 28.- DM
46. Bittermann (Hg.), *Identität und Wahn,* 26.- DM
47. Georg Seeßlen, *Tanz den Adolf Hitler,* 28.- DM
48. Gerhard Henschel, *Falsche Freunde fürs Leben,* 26.- DM
49. Peter Schneider, *Wahrheit und Verdrängung,* 32.- DM
50. Harry Mulisch, *Die Zukunft von gestern,* 38.- DM